부의 그릇

부의 그릇

제이투 지음

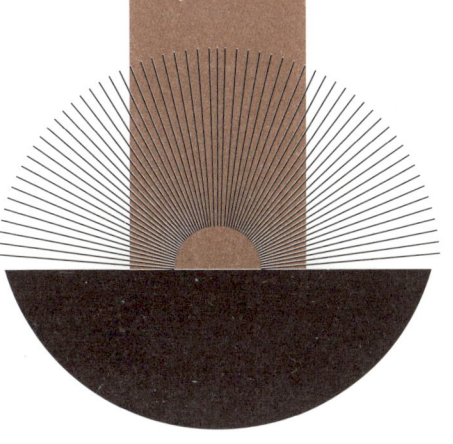

다른
상상

시작하며 •

나만의 부의 길을 설계하라

　서점에서 우연히 《부자의 그릇》이라는 책을 보게 되었다. 그때는 선뜻 손이 가지 않았지만, 시간이 지날수록 '부자의 그릇이란 정말 존재하는 걸까?' 하는 궁금증이 머릿속을 떠나지 않았다. 결국 다시 책을 집어 들었고, 읽는 동안 '부자의 그릇은 실제로 존재한다'는 사실을 깨달았다. 그러나 아쉬웠다. 책은 그 개념을 명확히 정의하지 못한 채 두루뭉술하게만 설명하고 있었기 때문이다. 그렇다면 내가 이해한 바를 토대로 '부의 그릇'을 체계화해 보고 싶었다. 나아가 각자가 자기 성향에 맞는 부의 그릇을 발견하고, 현실에서 부를 향한 길을 함께 찾아가고 싶다는 바람이 생겼고, 그 마음이 이 책의 출발점이 되었다.

　'부'와 관련된 수많은 책을 읽으면서 부의 기준이 너무 높게 설정되어 있다는 걸 발견했다. 기준이 높다 보니 대다수 사람들은 도전조차 하지 않거나 중도에 포기하기 쉽다. 부자가 될 방법론을 써낸 저자들은 대개 100억이 넘는 재산을 가진 부자들이었다. 많은 부자가 엄청난 재산을 모은 뒤 부의 개념을 설파했지만, 대중이 그대로 따라 하기에는 그 기준이 너무 높다. 그러나 내가 통찰해 낸 부의 개념은 다르다. 우리는 모두 태어날 때부터 '시간 부자'로서 가능성을 가진다. 진정한 부는 돈의 많고 적음이 아니라 자기 삶을 어떻게 가꾸느냐에 달려 있다. 이제 돈만을 좇는 좁은 틀에서 벗어나야 한다.

　죽음 앞에서는 아무리 부자여도 모든 걸 반납하고 떠나야 한다. 맨몸으로 태어나 한 줌 흙으로 돌아갈 수밖에 없는 게 인생사다. 부의 그릇이란 곧 나만의 '돈 그릇'이다. 내가 그 그릇을 발견해 시간에서 자유로워지고, 타인과의 비교에서 벗어나 자율적인 삶을 살 수 있다면, 그것이 바로 나만의 부다. 진정한 자유란 타인과 비교하지 않고, 내 삶을 내가 주도하는 데서 시작된다.

　남이 시켜서가 아니라 스스로 삶을 통제하고 주도적으로 살아간다면, 월 500만 원의 소득으로도 충분히 부자일 수 있다. 반대로 어떤 의사는 매달 3,000만 원을 벌지만, 아침 8시부터 밤 7시까지 365일 병원에 묶여 있다. 겉으로는 부자처럼 보일지 몰라도 내 기준에서는 전혀 부자가 아니다. 오직 자신의 시간과 노동을 갈아 넣어야만 얻는 소득이기 때문이다. 여행도, 휴식도, 진정한 자유도 없다.

진정한 부는 돈의 많고 적음이 아니라 삶의 자유에 달려 있다. 비록 월 500만 원이라 하더라도 시간에서 자유롭고 타인과의 비교에서 벗어나 진정한 행복을 느낀다면 그는 이미 부자다. 반대로 100억을 갖고도 1,000억을 가진 사람을 부러워한다면, 평생 불행할 수밖에 없다. 부의 그릇은 남이 아니라 내 마음속 기준으로 결정된다.

이제는 삶을 바라볼 때 '시간'과 '죽음'이라는 관점을 더해야 한다. 그 안에서 분명 나만의 돈 그릇, 즉 자유를 지켜 줄 그릇이 존재한다. 그 그릇을 찾고 나면, 남과 비교할 이유는 더 이상 없다. 월 500만 원으로도 행복을 찾고 자유를 찾았다면 분명 부자가 맞다. 우리는 행복하기 위해 부자가 되려 한다. 그렇다면 그 과정 또한 행복해야 한다. 나만의 부의 그릇을 찾아 내 삶을 온전히 즐길 수 있다면, 그것이 곧 성공한 삶이다. 부의 그릇을 찾고 멈출 수 있는 용기, 세상과의 비교를 끊고 나만의 기준을 세울 수 있다면, 더 나아가지 않아도 충분하다.

가끔 나는 부의 그릇을 찾은 뒤, 제주도로 이사해 둘레길을 걸으며 내 삶을 돌아보는 상상을 하곤 한다. 석양이 지는 바다를 바라보며 책을 쓰고, 휴대폰은 꺼둔 채 누구의 간섭도 받지 않는 시간. 시원한 공기와 달콤한 바람 속에서 온전히 나만의 자유를 만끽한다. 아, 이게 바로 행복이다. 그 순간 세상이 정한 부의 기준은 아무 의미가 없다. 진정한 부는 비교가 아니라 자유에서 비롯되니까. 돈의 액수가 아니라, 내가 사랑하는 일을 하며 현재를 행복하게 살아가는 것. 그것이 진짜 부자다.

어떤가? 이제 당신도 부에 도전할 용기가 생겼는가? 막연한 꿈이 아니라, 현실에서 부의 그릇을 찾을 결심이 생겼는가?

맞다. 누구나 부자가 될 수 있다. 이 책을 읽는 당신도 그 주인공이 될 수 있다.

당신만의 부의 그릇은 어떤 모습일까?

이 책은 '나만의 부의 그릇'을 찾아가는 여정과 방법을 담고 있다. 많은 이들이 "과연 부의 그릇이란 게 존재하는가?"라고 묻는다. 내 대답은 분명하다. "그렇다." 다만 그 모습은 사람마다 다르다.

부의 그릇은 줄어들기도 하고, 어느 순간 급격히 커지기도 한다. 가득 차 넘칠 때도 있지만, 방심과 오만으로 산산이 부서질 수도 있다. 눈에 보이지 않지만 우리의 태도와 관점, 그리고 삶의 방식에 따라 끊임없이 부의 그릇은 변한다.

이 책에서는 그 보이지 않는 그릇을 최대한 객관화하여 해체하고, 지금 내게 어떤 그릇이 있는지 점검해 보려 한다. 부의 그릇은 단순히 돈을 담는 통이 아니라, 인생의 희로애락이 함께 깃드는 그릇이다. 행복과 고통, 성취와 좌절을 모두 담아내면서 나만의 '맞춤형 그릇'으로 다듬어진다.

결국 중요한 것은 더 큰 그릇을 가지는 것이 아니라, 지금의 나에게 알맞은 그릇을 발견하고 만족하며 살아가는 것이다.

살면서 가장 무서운 건 삶이 정체되는 것이다. 지금 미래에 대해 아무런 목적의식 없이 소파에 앉아 온종일 숏폼이나 넷플릭스를 보며 시간을 흘려보내고 있다면 분명 정체되어 있다. 당신의 인생은 점점 쪼그라들지도 모른다. 하지만 다행이다. 이 책은 자신을 객관화하고 정체된 상태에서 빠져나올 수 있는 에너지로 가득하니까.

과거에 가슴 뛰던 시절엔 무언가 절실하게 도전했던 기억이 있지만, 매일 쳇바퀴 돌 듯 살아가는 요즘, 옆을 볼 여유조차 없다. 마치 말이 눈 양옆을 가리고 달리는 것과 같다. 성장이 없다면 우리의 노년 생활은 불행할 수밖에 없다. 젊어서 시간적·육체적으로 여유가 있을 때는 불편한 걸 느끼지 못하지만 멈춤이 장기간 지속된다면 노후에 크나큰 시련이 발생할 것이다.

이 책의 목적은 철학이 담긴 단단한 부의 그릇을 찾는 것이다. 누구나 부자에 도전할 수 있으며, 내가 제시하는 방법을 따른다면 당신도 만족하고 멈출 수 있는 부의 지점을 만나게 될 것이다. 인간에게는 2가지 두려움이 존재한다. 과거를 후회하는 마음과 미래를 걱정하는 마음이다. 이미 지나간 후회를 지금으로 끌고 오거나, 아직 일어나지 않은 일을 앞당겨 걱정하는 것이다. 단단한 부의 그릇을 만들려면 이 2가지를 끊어 내야 한다. 과거에 대한 후회와 미래에 대한 두려움을 날려 보내고 오늘에 집중하라. 지금 이 순간 최선을 다할 때, 부의 그릇은 단단해진다.

아무것도 하지 않으면 아무 일도 일어나지 않는다

부의 길로 들어서기로 마음먹었다면 우선 작은 것부터라

도 시작해야 한다. 부는 하루아침에 이루어지지 않으며, 단계와 과정이 분명히 존재하기 때문이다. 고통이 수반될 수 있고 큰 장애물이 가로막을 수 있다. 어떨 때는 너무 큰 부가 굴러 들어와 오만해질 수 있다. 그리고 자산이 급격히 늘어나 통제하지 못하는 상태에 이를 수 있다. 한마디로 부에 이르는 길은 순탄치 않다. 부를 너무 빨리 이루려 하면 문제가 발생하며, 그렇다고 아무것도 하지 않고 바라기만 해서는 어떤 변화도 일어나지 않는다.

우리가 목표로 해야 할 삶의 방식은 복리의 삶이다. 처음엔 하락하기도 하고 성장이 눈에 띄지 않을 수도 있다. 하지만 사진첩에 사진이 한 장 한 장 쌓여 추억이 되듯이 내 경험치가 하나씩 쌓일 때 경험에너지가 모여 나를 빠르게 밀어 올리는 윤활유 역할을 한다. 우리는 이 지점까지 끊임없이 성장해야 한다. 내 경험이 나를 밀어 주는 그곳까지 나만의 부의 그릇을 키워 가야 그 지점에서 멈출 것인지, 더 나아갈 것인지를 온전히 내가 선택할 수 있다. 아직 부자가 아니더라도 이 책을 읽고 있다면, 이미 부자가 되고자 하는 열망은 충분하다. 누군가는 이 책을 통해 삶의 영감을 얻고, 나와 같이 부의 길에 들어설 용기를 낼 것이다.

우리가 추구해야 하는 건 현재에 만족하며 충실히 살면서 부의 그릇을 단단히 키워 나가는 것이다. 누구에게나 인생은 한 번뿐이다. 돈만 좇다가 시간이 흘러가 버린다면 무슨 의미가 있겠는가. 내가 원하는 그릇을 찾아냈다면 그곳에서 멈출 용기도 필요하다. 이 책을 다 읽고 난 후 당신만의 부의 그릇을 발견하길 바란다. 지금 나는 어떤 형태의 그릇을 가진 사람인지, 그 질문을 마음에 두고 이 책을 시작해 보자.

차례 •

시작하며 나만의 부의 길을 설계하라 4

 **1부** 마인드셋
돈을 부르는 사고방식으로 전환하라

Step 1. 부는 '시간'을 이해하는 사람에게 온다 19
Step 2. 잉여시간의 법칙 26
Step 3. 메멘토 모리가 필요하다 38
Step 4. 당신이 원하는 부는 어디까지인가? 43
Step 5. 행동하지 않으면 부는 없다 52
Step 6. 부의 선순환 구조에 올라타는 법 58
Step 7. 부자는 왜 단순하게 사는가? 70
Step 8. 부자들의 비밀 무기, 망각의 힘 80
Step 9. 부의 사다리를 오르는 조건 86
Step 10. 간절할수록 이루어진다 93

2부 계획

부는 결코 우연히 찾아오지 않는다

Step 1. 부를 이룬 3퍼센트가 한 일 103
Step 2. 작은 계획이면 충분하다 110
Step 3. 계획을 확장하라 120

3부 행동

망설이는 순간 사라진다

Step 1. 인생에는 패자 부활전이 있다 131
Step 2. 내 삶의 기대치를 설계하라 137
Step 3. 태도가 부를 결정한다 144

Step 4. 3명의 스승을 찾아라 151
Step 5. 망설이지 말고, 지금 당장 행동하라 156
Step 6. 3가지를 버려라 162
Step 7. 루틴의 힘은 강력하다 169
Step 8. 내가 원하는 부를 생생하게 그려라 176
Step 9. 부의 함정을 피하는 방법 185

 4부 시간 레버리지

1년을 3년같이 살아라

Step 1. 1년을 3년처럼 산다면 내 삶은 어떻게 변할까? 199
Step 2. 부자들의 2가지 공통점 220
Step 3. 부의 사이클 5단계 228

5부 부의 그릇
돈만 좇는다면 불행은 필연이다

건강보다 상위 개념은 없다 241
하루하루가 축제다 246
나만의 철학은 최고의 무기다 250

끝내며   누구나 부자가 될 수 있다 255

1부

마인드셋

돈을 부르는 사고방식으로 전환하라

우리가 가진 생각의 틀은 행동을 결정하고, 행동은 결과를 만든다. 결국 돈을 부르는 힘은 외부에 있는 것이 아니라, 내 안의 사고방식에서 출발한다. 생각을 바꾸는 순간 당신의 인생이 바뀌기 시작한다.

Step 1.

부는 '시간'을 이해하는 사람에게 온다

음식에는 과정이 필요하다. 편의점 간편식은 전자레인지에 돌리면 금세 완성되지만, 제대로 된 요리는 시간과 정성이 들어간다. 부의 기준도 같다. 부는 즉석식처럼 곧바로 완성되지 않는다. 반드시 과정을 거쳐야 하며, 그 과정에서 가장 중요한 소금이 바로 '시간'이다. 시간을 이해하고 과정을 받아들인다면 누구나 지나친 욕심을 내려놓고 과정을 즐기면서 나만의 부의 기준을 세울 수 있다.

오늘날 대한민국의 부의 기준은 지나치게 높다. 처음부터 닿을 수 없는 기준을 세워 두었기에, 사람들은 무리하다가 결국 부자가 되기를 포기한다. 하지만 누구나 마음속 깊이 부자에 대한 갈망을 품고 산다.

이제는 사회가 정한 잣대에서 벗어나야 한다. 부의 기준을 낮추고, 삶에 '시간'이라는 양념을 더해 보라. 그러면 나만의 부의 그릇이 보이고, 멈출 수 있는 지점을 발견하게 된다. 결국 누구나 자신만의 기준에 맞게 충분히 부자가 될 수 있다.

나는 현재 직장인이다. 지극히 평범한 내가 월급 이외의 수익을 위한 파이프라인을 여러 개 만들면서 부에 도달하는 방법을 찾아냈고, 지금도 하나씩 실천해 가고 있다. 그 과정에서 평범한 직장인인 나도 부자가 될 수 있음을 보여 줌으로써, 당신 역시 도전할 수 있기를 바란다. 지금의 나는 나만의 기준으로 볼 때 반은 부자이고, 반은 그렇지 않다. 다소 모호하게 들릴 수도 있다. 그러나 이어질 나의 철학과 부자 되는 방법을 접한다면 분명 고개를 끄덕이게 될 것이다. 이제, 그 이야기를 시작한다.

시간의 가치를 알 때 비로소 부를 이룰 수 있다

워런 버핏은 현재 95세다. 90세 되던 해에 100조가 넘는 자산을 이루어 냈다. 그는 11세에 투자를 시작해 꾸준히 연평균 19퍼센트의 복리 수익을 만들었다. 복리 수익은 워런 버핏이 60세가 넘어가던 시점부터 기하급수적으로 늘어갔다. 단적으로 89세 때 자산이 84조였지만 90세 넘어갈 때 100조를 넘어섰다. 처음 투자할 때는 고작 몇 달러의 자금이 전부였다. 하지만 시간이 지날수록 자산은 급격히 늘어났고 복리의 마법은 워런 버핏을 세계적인 부의 반열에 올려놨다. 그는 세계에서 가장 부유한 사람 중 한 명이지만, 그에게도 시간은 거스를 수 없는 한계다. 워런 버핏의 단짝이자 역시 세계적인 투자자인 찰리 멍거는 이미 하늘의 별이 됐다. 당신에게 묻고 싶다. 현재 당신의 나이가 28세라고 가정해 보자. 100조 자산을 가진 95세의 워런 버핏이 되고 싶은가, 아니면 28세 무일푼인 지금의 나로 살고 싶은가? 대부분 사람들은 워런 버핏의 부를 동경하면서도, 결국 젊음의 가능성을 선택한다. 가능성은 곧 시간이기 때문이다. 음식에 소금이 필수이듯, 부에 도달하는 과정에서도 시간의 가치를 제대로 이해해야 부의 기준이 달라진다.

  돈을 걷어 내면 삶에는 오직 '시간'만이 남는다. 부자가 되고자 하는 이유도 마찬가지다. 남의 눈치를 보지 않고, 내 시간을 온전히 쓰기 위해서다. 부자들이 말하듯, 돈이 많아서 좋은 이유는 단지 돈 때문만이 아니다. 원하는 사람들과 의미 있는 시간을 보내고 진정으로 나 자신에게 집중하며 온전히 나를 위해 시간을 쓸 수 있기 때문이다. 결국 해답은 시간이다. 돈을 좇지 말고, 삶의 시간을 귀하게 여겨라. 진정한 부자의 목표는 단순히 많은 돈이 아니라 시간을 자유롭게 쓰며 원하는 삶을 누리는 데 있다. 돈만 좇는다면 처음부터 무리한 방법으로 부에 도달하려 발버둥 칠 수밖에 없다. 그 과정에서 함정에 빠지거나 금세 지쳐 포기할 수 있다. 결국 부와 멀어진다. 부자가 되는 길에는 반드시 시간이 필요하다. 시간을 더해야 나만의 부의 기준이 만들어진다.

친하게 지내는 작가님이 한 분 있다. 그는 모든 자산을 배당금 투자에 넣고 제주도에 내려가 살고 있다. 배당금으로 월 400만 원, 글쓰기로 100만 원, 합쳐서 매달 500만 원의 수입을 얻는다. 부채는 전혀 없고, 남들과의 비교도 내려놓았다. 오직 시간·과정·행복을 삶의 철학으로 삼아 현재를 온전히 누리며 자유롭게 살고 있다. 누구나 꿈꾸는 삶이지만 정작 우리는 그런 기준을 세우고도 용기 있게 실행하지 못한다. 나는 말한다. "월 500만 원으로도 충분히 부자가 될 수 있다고."

■ 대한민국 부자 자산 기준

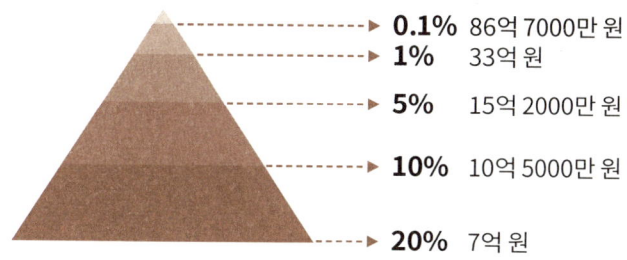

0.1%	86억 7000만 원
1%	33억 원
5%	15억 2000만 원
10%	10억 5000만 원
20%	7억 원

자료: 2024 가계금융복지조사(통계청)

대한민국의 부자 기준을 보면 어떤가? 벌써 포기하고 싶은가, 아니면 조급한 마음에 휘둘려 무리하게 투자하고 싶은가? 이런 감정이 든다면 아마 비교하는 마음과 자포자기 사이에 서 있는 것이다. 하지만 발상을 바꿔 보자. 부의 기준을 낮추고, 과정과 시간이라는 양념을 더해 보라. 그 첫걸음은 남과의 비교를 끊어 내는 데서 시작된다. 비교에서 벗어나 나만의 부의 기준을 세워야 한다. 현재 나는 월급 600만 원, 투자수익 1,300만 원, 창작으로 얻는 수입 100만 원 정도를 더해 월 2,000만 원의 현금흐름을 만들었다. 그렇지만 나는 부자가 아니다. 남들이 보기엔 매달 2,000만 원의 현금흐름이면 충분히 부자로 보일지 모르지만 여전히 회사에 다니며 원치 않는 사람을 만나고, 하기 싫은 일을 억지로 해야 하는 삶을 살고 있으니, 그것은 자유가 아니다. 오히려 월 500만 원으로도 자신만의 기준을 지키며 자유를 누리는 삶이 진정한 부자라고 할 수 있다. 결국 부의 척도는 돈의 크기가 아니라 시간의 자유다. 조급해하지 말고, 나에게 진정한 자유를 주는 '부의 그릇'이 얼마인지부터 찾아야 한다.

내가 원하는 부자의 기준은 2가지다.

첫째, 시간에서의 자유.

둘째, 완벽한 1,000만 원.

들쑥날쑥한 현금흐름이면 안 된다. 이 2가지가 충족된다면 나는 주저 없이 회사를 떠날 것이다. 나는 가장이며 현재 아이가 있다. 고정적 파이프라인이 기준이 되어야 한다. 가족이 있는 사람도, 혼자 사는 사람도 있다. 중요한 건 시간이라는 양념을 넣어, 지금의 내가 얼마를 가지면 시간의 자유를 누릴 수 있는지 직접 계산해 보는 것이다. 그 기준이 만들어졌다면, 그에 맞춰 도전하고 만족하면 된다. 더 이상 위를 올려다보며 비교하지 말자. 자신의 그릇만큼 채워 살아가는 것, 그것이 진짜 시간 부자다.

THINK & ACTION

부의 기준 체크리스트

[예시]

시간	목표 금액	도전	추가 목표
온전한 자유	월 1000만 원	GO〉 ~~STOP〉~~	월 1500만 원

경제적 자유를 위해 지금 나에게 필요한 금액과 시간의 자유를 먼저 파악하라. 목표가 크든 작든 남과 비교하지 말고, 내가 진짜 원하는 삶을 객관화해야 한다. 소비 패턴과 만족도를 점검하며 어디서 멈추고 어디까지 나아갈지를 정하는 순간, 나만의 부의 기준이 세워진다.

시간	목표 금액	도전	추가 목표
		GO〉 or STOP〉	

Step 2.

잉여시간의 법칙

책을 출간한 뒤로 부자가 되는 방법을 묻거나 상담을 요청하는 사람들이 부쩍 늘었다. 책을 통해 세상이 나를 바라보는 시각이 달라졌음을 느낀다. 상담하다 보면 한 가지 질문만으로도 그 사람이 부자가 될 수 있을지, 가난에 머물러 있을지, 혹은 애써도 부의 길에 오르지 못할지를 단번에 알 수 있다. 만약 이것을 깨닫지 못한다면 평생 쳇바퀴 돌 듯 살아갈 수밖에 없다. 이 원리는 철저히 계산적이고 정직해서 요령이 통하지 않는다. 지금까지 어떤 부자도 이 과정을 건너뛰고 부의 길에 오른 사례는 단 한 번도 없다.

과거 아인슈타인은 "매번 똑같은 행동을 반복하면서 다른 결과를 기대하는 건 미친 짓이다"라는 명언을 남겼다. 과거의 천재들 그리고 부자들은 이 개념을 모두 인지하고 살아갔다. 그리고 이 개념을 생활에 활용할 때 비로소 '부의 길'에 들어설 수 있다.

오늘의 나는 과거의 나로 인해 발현된 결과다. 과거 내 행동과 습관이 쌓여 내가 된 것이다. 지금 이 책을 펼쳤다는 건 답답함 속에서도 부자가 되고 싶다는 마음이 있었기 때문이다. 여기까지 온 것만으로도 이미 큰 발걸음을 내디딘 셈이다. 아무것도 하지 않는 사람보다 뭐라도 해 보려고 달려드는 사람은 미래가 있다. 하지만 책을 읽는 것만으로 끝나선 안 된다. 우리는 원리를 이해해야 해답에 이를 수 있다. 현재의 답답한 모습이 과거의 나로 인해 발현되었다면 객관적으로 나 자신을 들여다볼 필요가 있다. 당장 바뀌는 것은 없다. 답답하지만 이 사실을 인정하고 받아들여야 한다. 그럼 나를 객관화했다면 앞으로 어떻게 해야 할까? 현재 나의 습관을 바꾸기 위해 노력해야 부자가 된 미래의 나를 만날 수 있다. 과거는 돌이킬 수 없다. 현재의 잉여시간을 의미 있는 시간으로 바꾸지 못하면, 미래의 나는 지금과 똑같은 모습으로 서 있게 된다. 실패한 미래가 이미 정해져 있는 셈이다. 이것이 잉여시간의 법칙, 불변의 법칙이다. 아무것도 하지 않고 미래를 꿈꾸는 건 미친 짓이며 나를 괴롭히는 꼴밖에 안 된다. 이를 명확히 이해하고 변화해 나가야 한다.

하루 5시간, 당신의 부를 결정짓는 시간

답이 보이지 않을 때는 계산해 보면 명확해진다. 무엇이 문제인지, 원인이 어디에 있는지 숫자가 보여 준다. 부자가 되려면 분명한 계획과 수치가 필요하다. 자세한 내용은 뒤의 '계획 편'에서 다루겠다. 현재 내가 바뀌지 않는 이유를 계산해 보면 정확한 이유가 나온다.

우리의 시간은 2가지로 나뉜다. 하나는 반드시 써야 하는 고정시간이다. 회사에서 보내는 시간, 잠자는 시간, 휴식, 아이와 함께 보내는 시간처럼 피할 수 없는 시간이다. 반대로 내가 자유롭게 사용할 수 있는 잉여시간이 있다. 고정된 시간에 묶여 있는 현 상황에서 벗어날 수 없다면, 결국 미래를 바꾸는 열쇠는 잉여시간에 있다. 잉여시간을 어떻게 활용하느냐에 따라 내 미래는 완전히 달라진다.

하루 24시간 × 일주일을 계산해 보면 우리 모두에게 주어진 시간은 일주일 168시간. 부자든 가난한 사람이든 이 점에서는 완전히 같다.

잠자는 시간 = 56시간(평균 8시간으로 잡았을 때)
회사 업무 시간 = 45시간(주 5일 9 to 6 근무 적용)
휴식 시간 및 기타 시간 = 15시간 정도 잡았을 때
∴ 총 나의 고정시간 = 116시간

그럼 일주일 168시간에서 116시간을 빼고 나면 남은 시간은 52시간, 하루 평균 7.4시간이다(주말 포함). 우리는 고정시간이 이렇게 많이 소비되는지 스스로 깨닫지 못하고 살아가기 쉽다. 계산해 보지 않으면, 시간의 흐름 속에 파묻혀 인식조차 못 한 채 살아갈 수밖에 없다. 부자로 가기 위해 활용할 수 있는 잉여시간은 일주일에 약 52시간이 존재한다. 변수를 감안해 하루 5시간만 온전히 사용한다고 가정하면, 1년 동안 사용할 수 있는 시간은 5시간 × 365일 = 1,825시간이 된다. 이 시간을 얼마나 의미 있게 보내느냐에 따라 삶은 완전히 달라진다. 주어진 잉여시간을 계산하지 않고 의미 없이 흘려보낸다면, 미래의 당신은 현재의 당신과 다를 바 없다. 완전히 부자가 되기 전까지 이 법칙에서 벗어나 성공한 사람은 아무도 없다. 부자가 된 뒤 자동수익과 시스템이 갖춰졌다면 가능하겠지만, 그 전에는 다른 길이 없다. 자동수익을 만들어 내기 위해서 잉여시간의 투자는 필수다.

    나의 하루 루틴을 통해 다시 한번 잉여시간의 개념을 이해해 보자. 내 경우 9시간 정도 잉여시간이 있다. 하루 평균 5시간의 잉여시간을 사용하고 있다. 5시간의 귀중한 시간을 잠이나 휴식, 유튜브 시청 같은 소모적인 일로 보내지 않는다. 그 모든 시간을 나의 성장과 부를 위해 투자한다. 완전한 자동 부자가 되기 전까지는 이 시간을 철저히 루틴대로 관리할 수밖에 없다.

평일

아침 8시 30분 출근. 영업사원이라 9시 30분까지 1시간가량 여분의 시간 남음: 책 읽기
점심시간 20분 정도 여유시간 남음: 책 읽기
퇴근 6시 이후: 블로그 운영, 브런치 글쓰기, 책 출간 준비, 주식 투자 공부, 다양한 자산 투자 공부, 경제 시황 분석

주말

아침 7시 기상: 한 시간 책 읽기

저녁 8시까지: 블로그 운영, 브런치 글쓰기, 책 출간 준비, 책 읽기, 주식 투자 공부, 다양한 자산 투자 공부, 경제 시황 분석

저녁 8시 이후: TV 보며 휴식

거짓말 같다고? 부의 초입에서 잉여시간을 헛되이 쓰면 부자가 될 길은 막힌다. 루틴으로 시간을 관리해 부의 그릇에 도달한 뒤에야 삶과 일의 균형을 누릴 수 있다.

나는 목표가 분명하기에 누구보다 열심히 살고 있다. 그리고 잉여시간을 명확히 인지하면서 시간을 효율적으로 배분해 모든 시간을 성장에 쓰고 있다. 이렇게 성장에 쏟아부어도 성공한다는 보장은 없다. 하지만 확실한 건 아무것도 하지 않으면 아무 일도 일어나지 않는다는 것이다. 왜 그렇게 피곤하게 사느냐고 이야기할 수 있겠지만, 시간에서 자유를 얻는 과정은 결코 쉬운 게 아니다. 내 잉여시간을 가치 있게 소비하고 사랑해야 미래의 달라진 나를 만날 수 있다. 다만, 창의적인 일을 루틴으로 이어 간다면 피곤하지 않다. 오히려 즐기며 성

장할 수 있고, 작은 성취가 반복되면 나를 춤추게 한다. 책 출간과 투자로 새로운 파이프라인을 만드는 지금의 과정도 바로 부로 가는 즐거운 여정이다.

반대로 하루 5시간이라는 잉여시간 동안 친구들과 저녁에 술을 마시고, 유튜브를 보고, 숏폼에 빠져 헛되이 낭비한다면 어떻게 될까? 답은 정해져 있다. 미래는 절대 바뀌지 않는다. 다행인 건 당신은 지금 이 책을 읽고 있다는 것이고, 오늘부터 조금씩 변화해 나가면 된다. 인지하고 인정해야 바뀔 수 있다. 그냥 흘려보낸다면 시간도 내 의지도 바뀌지 않는다.

처음부터 잉여시간을 효율적으로 사용하기는 쉽지 않다. 평생 굳어진 습관이 나의 발목을 붙잡고 있기 때문이다. 나 또한 처음에 루틴화하기 위해서 하루에 1시간씩 루틴의 시간을 점점 늘려가는 연습을 반복했다. 하루에 30분을 목표로 시작해 보자. 점차 그 시간을 늘려 보자. 늘려가다 보면 루틴이 만들어진다. 그렇게 자동화된 습관은 내 삶과 하나가 된다. 내 잉여시간을 소중히 다루고 사랑해야 마침내 삶이 변하기 시작한다.

생산자로 살 것인가, 소비자로 살 것인가?

잉여시간 활용의 중요함은 알겠는데 이를 어떻게 내 삶에 적용할 수 있을까. 부자들은 잉여시간을 가치 있게 사용하며 부를 쌓았다. 그들은 이 원리를 명확히 이해하고, 삶 속에서 실천한다. 여기에 거짓은 없으며, 세상은 이 순리대로 정확히 흐른다.

파레토의 법칙은 이미 잘 알려진 사회적 원리이다. 이 용어는 경영학에서 처음 사용되었으며, 이름의 유래는 이탈리아의 경제학자 빌프레도 파레토(Vilfredo Pareto)에서 따왔다. 그는 이탈리아 인구의 20퍼센트가 전체 부의 80퍼센트를 소유하고 있다는 사실을 발견했고, 이를 기반으로 파레토 법칙을 만들었다. 처음에는 부의 불균형을 설명하는 법칙으로만 이해되었지만, 이후 연구를 통해 사회현상 전반에서 20 대 80의 현상이 반복적으로 나타난다는 것이 입증되었다.

그런데 나는 부의 길로 들어서면서 깨달았다. 단순히 파레토 법칙에서 상위 20퍼센트에 속하는 것만으로는 부자로 가는 충분조건이 되지 않는다는 것이다. 상위 20퍼센트 안에서 다시 상위 20퍼센트, 즉 20퍼센트 안의 20퍼센트를 목표로 들어가야만 진정한 부의 길에 진입할 수 있다.

예를 들어, 이 글을 읽고 있다면 이미 당신은 상위 20퍼센트의 삶에 들어온 셈이다. 왜냐하면 대부분 사람들은 시작조차 하지 않기 때문이다. 하지만 상위 20퍼센트 안에 들어왔다고 해서 자동으로 부자가 되는 것은 아니다. 여기서 다시 20퍼센트 안의 20퍼센트로 들어가야만 한다.

그 첫 번째 단계는 생산자와 소비자의 개념을 명확히 이해하고, 자신의 행동과 시간 사용에 적용하는 것이다. 생산자가 되어 자신의 가치를 창출할 때만이, 상위 20퍼센트의 삶에서 진짜 부의 길로 들어설 수 있다.

생산자로서 살아가려면 어떻게 해야 할까? 우선 어떤 것이 생산자 위치에 있는지 알아봐야 한다. 그리고 나의 성장 목표를 생산자에 두고 접근해야 자동수입이 발생해 부의 길에 들어설 수 있다.

과거 나의 부수입은 주식 투자를 통해서만 들어왔다. 하지만 경제적 자유를 목표로 정한 뒤로 블로그 운영, 브런치 작가 활동, 책 출간 준비, 배당금 투자, 주식 투자를 통해 대부분 생산자 위치에서 돈이 들어오는 구조로 바꾸었다. 지금 이 책을 읽고 있는 당신은 나의 가치를 돈을 주고 소비하는 소비자가 된다. 생산자의 삶을 살아가기 위해 목표를 설정하고 잉여시간 대부분을 생산자 위치에 설 수 있도록 사용해야 한다. 그래야 부자로 살아갈 확률이 높아진다. 물론 노력한다고 다 이루어지는 건 아니다. 하지만 아무것도 하지 않으면 아무런 변화가 없다는 건 명확하다.

생산자의 삶

유튜브 크리에이터, 콘텐츠 제작자, 영화제작자, 연기자, 작가, 투자자, 배당금 투자자, 주주, 요리사, 게임 개발자, 프로스포츠선수. 기업가 등

소비자의 삶

게임 아이템 구매자, 유튜브 시청자, 넷플릭스 시청자, 유료 스포츠 소비자, 뮤지컬 관람하는 사람, 배달음식 시켜 먹는 사람, 명품 구매하는 사람, 오마카세 즐겨 먹는 사람

현재 당신은 어떤 삶을 살아가는가? 소비자와 생산자의 개념을 이해했다면 앞으로 시간을 주로 어떻게 보내야 할지, 어떤 마인드의 변화가 필요한지 명확히 이해했을 것이다. 각

자 자신의 생산자적 활동을 적어 보자. 예를 들어 작가가 되고 싶다면, 블로그를 개설하고 글을 쓰는 게 우선이다. 그 뒤에는 잉여시간의 효율이 당신을 작가로 만들어 준다. 부동산 투자로 돈을 벌고 싶다면 부동산 사이클을 먼저 공부해 보자. 배당금 투자로 자동수입을 만들고 싶다면 계좌를 개설하고 하루 1만 원씩 투자해 본다. 주식 투자로 소득을 창출해 내고 싶다면 증시 사이클을 분석하고 여러 자산에 소액으로 투자해 보자. 책을 출간해 퍼스널 브랜딩을 하고 싶다면 블로그를 개설하고 글을 쓰는 연습부터 하자. 유튜버로 성공하고 싶다면 계정을 만들고 매일 사소한 일부터 올리는 연습을 해 보자. 시작이 반이다. 시작은 미미하나 이러한 작은 시작의 경험이 모여 큰 성공으로 바뀐다.

나의 생산자적 활동	
나의 소비자적 활동	
생산자 소득 구조 계획	예시) 작가, 블로거, 스마트스토어, 배당금 투자, 주주 등

THINK & ACTION

나의 잉여시간은?

작은 시작이 중요하다. 처음에는 하루 10분이라도 기존 습관을 바꾸는 연습을 해 보자. 중요한 건 매일 꾸준히 하는 것이다. 처음 3일은 10분만 실천하고, 점차 시간을 늘려 가자. 한 번에 모든 걸 바꾸려 하면 쉽게 지친다. 헛되이 흘러가는 잉여시간을 성장의 시간으로 바꾸고, 이를 루틴으로 만드는 과정이 핵심이다. 오늘부터 하루 10분, 루틴을 만들어 가자.

자는 시간	
회사 업무 시간	

휴식 시간 및 기타 시간	
나의 총 고정시간	
남은 잉여시간	예시) 책 읽기, 책 쓰기, 블로그 운영, 유튜브 운영, 책 출간 목표, 투자 공부, 부동산 공부, 배당금 투자 공부 등

Step 3.

메멘토 모리가 필요하다

    90세, 자산 1,000억 원을 가진 한 노인이 있다. 그는 과거 대기업을 이끌던 총수였지만, 이제는 회장직에서 물러나 노후를 보내고 있다. 외부에서 보는 사람들은 그를 세상에 없어서는 안 될 존재로 평가하며 존경과 부러움을 보낸다. 그러나 정작 본인은 세월의 무게와 육체적 고통을 안고 있다. 다리는 불편하고, 움직임 하나에도 힘이 든다. 생각을 붙잡으려 애쓰지만, 죽음이라는 현실이 점점 가까워지는 것을 느낀다. 삶을 되돌아보며 주마등처럼 스쳐 가는 기억 속에서, 젊었을 때의 자신은 무한한 가능성과 자신감으로 가득 차 있었음을 떠올린다. 하지만 이제 90세의 그는, 남은 가능성이 희미하게 흔들리는 불빛에 불과함을 실감한다.

  나는 부의 그릇을 찾기 위해 시간이라는 소금을 넣어 나만의 기준을 만들어 보려 노력했다. 여기서 시간은 소금과 같은 역할을 한다면, 죽음은 설탕과 같다. 떡볶이를 만들 때, 맛있는 떡볶이는 소금과 설탕이 적절히 섞인 고추장이 들어가야 제맛이 난다. 어느 한쪽이 지나치게 많으면 너무 달거나 짜서 먹을 수 없듯, 부의 그릇도 마찬가지다. 나만의 부를 찾으려면 우리는 영원히 살 수 없는 존재임을 분명히 인식해야 한다. 영원히 살 수 없다고 느낄 때 현재에 충실할 수 있고 나만의 기준으로 지금 도달한 부에 만족하며 살 수 있다. 우리는 언제 죽을지 모른다. 글을 쓰는 지금 이 순간에 죽음을 맞이할 수도 있고 길을 걷다 불의의 사고로 목숨을 잃을 수도 있다. 죽음을 내 삶에 대입해 보면, 내일 내가 살아 있을지 장담할 수 없는 것이 인간사의 현실이다. 즉, 죽음을 의식하면 돈이 결코 삶의 최우선 순위가 될 수 없다. 오늘이 있기에 행복하다. 지금 숨 쉬고 웃으며 좋은 사람들과 만날 수 있는 이 순간이 무엇보다 소중해진다.

마지막 순간, 돈은 의미 없다

눈을 감고 미래의 죽음 앞에 선 나를 떠올려 보자. 오로지 미래의 내 모습을 상상해 보자. 마지막에는 죽음이 기다리고 있다. 아무리 많은 부를 이뤘다 하더라도 죽음 앞에서는 더 이상 돈이 필요 없다. 죽음 앞의 나를 상상하며, 현재 내 부의 기준을 한번 성찰해 보자.

예를 들어 보자. 지금 나는 배당금과 오피스텔 임대 수입으로 월 500만 원의 자동수입을 얻고 있다. 그리고 기혼이며 아이가 한 명 있다. 자동수입이 생기기 전까지는 회사의 노예처럼 살았다. 매일 마감에 쫓겨 야근을 밥 먹듯 했고, 집에 돌아가면 아이는 이미 잠들어 있었다. 잦은 야근으로 몸도 망가져 갔다. '이러다 회사를 다니며 죽을 수도 있겠다'는 생각이 들 정도였다. 그러다 5년 전, 이렇게 끌려다니는 삶은 내 진짜 인생이 아니라는 걸 깨달았다. 그때부터 자동수입을 만들기 위해 치열하게 노력했다. 수많은 경제 서적을 읽고, 강연과 모임을 쫓아다니며 주말조차 성장에 투자했다. 그렇게 마침내 월 500만 원의 자동수입을 만들었고, 회사를 박차고 나왔다. 지금은 그동안의 치열했던 과정을 책으로 집필하며 나만의 '퍼스널 브랜드'를 만들어 가고 있다. 책 제목은 '회사원으로 자동수입 500만 원 만드는 비법'이다. 물론 500만 원쯤은 부자들에게 그리 큰돈이 아닐 수 있다. 하지만 나와 같은 평범한 회사원들에게 자동수입 500만 원은 꿈같은 일이다. 무엇보다 이제 나는 시간의 자유를 얻었다. 그리고 매일 아침, 아이를 학교에 데려다주는 그 짧은 순간이 내게는 가장 큰 행복이자 기쁨이다.

위 예시 속의 나는 타인과의 비교 대신 자신만의 부의 그릇을 찾아냈다. 나만의 온전한 시간 속에서, 내 그릇은 500만 원일지라도 나는 훌륭한 부자다. 가슴속에 부가 가득 차 있고, 오늘 하루를 온전히 나를 위해 최선을 다해 살아간다. 하루하루 치열하게 살아간 경험이 나의 '퍼스널 브랜드'를 만들어 주었다. 나이 마흔에 은퇴해 이제는 강단에서 강의하는 자신을 꿈꾼다. 자신이 정말 좋아하는 일을 찾았고, 내면의 거인이 깨어나기 시작했다. 죽음 앞에서 부(富)는 무용지물이다. 나의 현재 그릇에 만족하고 죽음이라는 설탕을 첨가해 보면 지금 부를 향한 과도한 열망을 멈출 용기가 생긴다.

메멘토 모리(Memento Mori)와 카르페 디엠(Carpe Diem)은 고대 로마에서 전해 내려온 삶의 격언이다. 카르페 디엠은 호라티우스의 시에서 "미래에 너무 의지하지 말고 오늘을 붙잡아라"는 뜻으로 전해지며, 메멘토 모리는 "죽음을 기억하라"는 의미로 로마 문화 속에서 삶의 유한함을 상기시키는 표현이다. 메멘토 모리를 깨달았을 때 우리는 현재를 소중히 여기며 충실히 살아갈 수 있다. 반대로 자신의 부의 그릇을 찾지 못하고 남들과 비교하며 끊임없이 위를 바라본다면 현실에 충실히 살 수 없다. 미래의 목표를 현재에 끌어다 고통스럽게 살 수밖에 없기 때문이다.

예를 들어 당신에게 지금 필요한 건 시간적 자유와 월 500만 원이다. 자동수입이 만들어진다면 평생 내 삶을 온전히 즐기며 살 수 있다. 그럼 당신의 부의 그릇은 500만 원이다. 자신의 그릇이 500만 원이라는 걸 정확히 인식해야 한다. 만약 500만 원에 만족하고 즐겁게 살아간다면 그곳에서 멈추면 된다. 더 이상 위쪽을 보지 말고 비교하지 말자. 죽음 앞에서 내 그릇 이상의 부는 필요 없다.

삶에 충실하면서도 죽음을 의식한다면, 그 과정은 분명 즐겁고 신나는 여정이 될 것이다. 과거의 후회와 미래의 걱정은 모두 날려 버리자. 부의 그릇을 찾아가는 여정을 충실하게 살아야 진정한 행복을 느낄 수 있다. 너무 돈에만 매달리지 말자. 그래야 비로소 나만의 진짜 '돈 그릇'을 발견할 수 있다.

Step 4.

당신이 원하는 부는 어디까지인가?

이즈미 마사토의 《부자의 그릇》에서 주인공은 주위 조언도 무시한 채 자신이 가진 부의 그릇 이상의 사업을 벌인다. 그러다 부의 그릇이 넘치면서 급격하게 올라간 삶의 상승 곡선은 순식간에 하강 곡선으로 바뀐다. 부의 그릇은 한마디로 자신의 분수에 맞게 살아가는 걸 말한다. 자신의 분수 이상을 넘치게 담는다면 그릇은 흘러넘칠 것이며 문제가 발생할 수 있다. 반면 자신의 내면을 단단히 하며 수익 구조와 시스템을 안정적으로 만들어 부의 그릇을 키운다면 대나무 마디가 탄탄하게 성장하듯 나의 그릇도 성장해 나가게 된다. 결국 자신에게 맞는 그릇을 찾아 목표에 도달하면 멈추어야 한다. 부의 그릇은 스스로 내면과 시스템을 얼마나 튼튼히 만드느냐에 따라 커질 수도 줄어들 수도 있다. 지금부터 자신의 부의 그릇에서 멈출 것이냐 아니면 더 나아갈 것이냐를 성찰해 보고, 더 높은 곳을 꿈꾼다면 어떠한 준비를 해야 하는지도 알아보자.

버블은 자산 시장에만 발생하는 것이 아니라 인생에도 존재한다. 나는 첫 책 《ETF 사용설명서》에서 투자에서 심리적 요인이 가장 중요하다고 강조했다. 심리적 요인을 객관화해 놓은 것이 바로 하이먼 민스키 심리 곡선이다. 이는 자산에만 발생하지 않는다. 이 지표를 사람의 심리에 반영하면 사람에게 버블이 발생하는 구간, 부의 그릇이 넘치는 지점을 찾아낼 수 있다. 부를 이루고 나서 한순간에 무너지는 사람들을 종종 본 적이 있을 것이다. 이는 모두 인생에 거품이 발생하면서 부의 그릇이 넘쳐흐른 경우다. 자신도 모르게 부가 들어왔다가 빠져나가고, 기존에 있던 자산마저도 같이 끌고 들어가 삶이 나락으로 빠진다.

예를 들어 연예인이나 스포츠선수 중 내면을 관리하며 살아가는 스타들이 있다. 대중의 인기를 한번에 얻어 수십 편의 광고를 찍지만 내면이 단단한 스타들은 자신의 그릇 크기를 명확히 안다. 오만해지는 순간 문제가 발생한다는 걸 직감적으로 알고 있다. 그들은 일이 잘될수록 오히려 잠시 멈춰 뒤를 돌아본다. 그리고 부의 그릇이 넘칠 거라고 판단하면 오히려 활동을 쉬고 에너지를 의도적으로 줄여 나간다. 자신의 그릇이 넘칠 것을 예상하고 쉬는 것이다. 만약 당장의 인기에 취해 무리하는 순간 부의 그릇이 한순간에 깨질 수 있다는 것을 알기 때문이다.

부자가 되기 위해서는 2가지가 중요하다. 첫 번째 나의 부의 그릇에 만족하고 멈출 것인가? 아니면 튼튼하게 만들며 성장해 나갈 것인가?

앞으로 나아가기로 마음먹었다면 내면을 단단히 하고 탄탄한 시스템을 만들어 나가는 연습을 해야 한다. 이 책에서 현재 멈출 것인지, 더 나아갈 것인지, 어떻게 더 탄탄한 시스템을 만들 것인지 등을 단계적으로 알려 줄 것이다. 선택은 각자의 몫이다.

멈출 것인가, 더 나아갈 것인가?

주식시장에서 하이먼 민스키 심리 곡선은 탐욕과 좌절의

■ 하이먼 민스키 모델

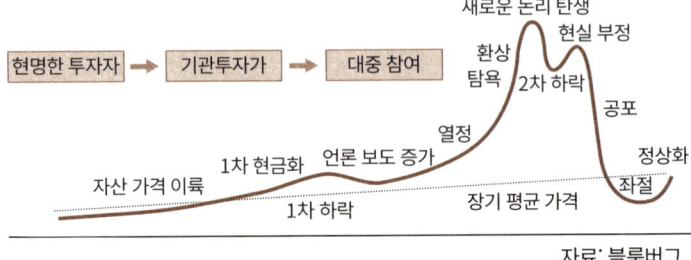

탐욕과 좌절의 지표로 쓰이는 하이먼 민스키 심리 곡선

지표로 쓰인다. 나만의 부의 그릇을 만들기 위해서는 환상과 탐욕을 절제해야 한다. 부의 그릇을 단단하게 만든다는 건 하루하루 작은 성취에 만족하며 살아간다는 말이다. 급격히 올려 잡은 부의 그릇은 넘치는 순간 삶을 절망의 구렁텅이로 빠뜨릴 수 있다. 나 또한 그런 경험을 한 적이 있다. 지금 생각해보면 젊었을 때 부의 그릇이 넘쳐 주저앉은 경험이 지금 이 책을 쓸 동기가 되고 부의 그릇을 단단히 만든 계기가 되었다.

자신의 부의 그릇을 이해했다면 이제 멈출 것인지, 시스템을 만들어 더 높은 곳을 향해 나아갈 것인지는 당신의 선택에 달렸다. 나는 나만의 그릇이 완성되면 삶을 즐기기 위해 멈출 것이다. 앞으로 나아가려면 고통과 희생이 따르기 마련이기 때문이다. 쉽게 올라가는 법은 없다.

예를 들어 보자. 치킨 프랜차이즈 창업주와 창업하기 위해 가게를 개점한 치킨집 사장, 그리고 치킨집 종업원이 있다고 하자. 치킨 프랜차이즈의 구조를 살펴보면 창업주 → 치킨집 사장 → 치킨집 종업원 순으로 시스템이 돌아간다. 이 셋 모두 처음에는 노동과 시간을 바꾸어 돈을 버는 구조 속에 있지만, 각자의 위치에서 경제적 자유에 도달할 방법은 존재한다.

첫째, 치킨 프랜차이즈 창업주이다. 창업주는 이미 가맹사업을 통해 브랜드와 시스템을 만들어 놓았기 때문에, 직접 일하지 않아도 수많은 가맹점에서 발생하는 수익 구조 속에서 살아갈 수 있다. 즉, 그는 이미 경제적 자유에 도달한 상태라고 볼 수 있다.

둘째, 치킨집 사장이다. 사장은 처음에는 직접 가게를 운영하며 노동을 투입해야 하지만, 점차 종업원을 고용하고 운영 시스템을 갖추면 자신이 직접 일하지 않아도 가게가 돌아가는 구조를 만들 수 있다. 물론 창업주와 비교하면 부의 크기는 작을 수 있으나, 이 또한 사장이 경제적 자유에 도달하는 한 방식이다.

셋째, 치킨집 종업원이다. 종업원은 처음에 가진 것이 시간과 노동력뿐이다. 따라서 당장은 경제적 자유와 거리가 멀지만, 성실히 일해 목돈을 모으는 동시에 투자 공부와 자기계발을 통해 성장해 나가야 한다. 그렇게 준비된 자본을 바탕으로 투자나 창업에 나서면, 점차 돈이 스스로 일을 하게 만드는 시스템을 구축할 수 있다.

결국 세 사람 모두 똑같이 시간과 육체라는 자원을 가지고 태어났으며, 출발점과 과정의 차이는 있지만 누구나 자신만의 시스템을 만든다면 경제적 자유에 도달할 수 있다.

위의 사례에서 가장 큰 부자는 치킨 프랜차이즈를 만든 창업주이다. 이는 곧 더 큰 부를 이루려면 더 큰 시스템을 만들어야 한다는 사실을 보여준다. 시스템을 설계하고 확장할수록 더 큰 부를 쌓을 수 있고, 그만큼 경제적 자유의 단계도 넓어진다.

하지만 그렇다고 해서 모두가 반드시 시스템을 만들어야 하는 것은 아니다. 이 책의 핵심은 각자가 자신의 부의 기준을 설정하고, 그 기준에 어떻게 도달할 것인지 고민하게 하는 데 있다. 그리고 목표에 다다랐을 때 그 자리에서 만족할지, 아니면 더 큰 부를 향해 나아갈지를 선택하게 만드는 질문을 던진다.

만약 내가 더 큰 시스템을 만들며 살고 싶지 않다면, 지금 도달한 지점에서 멈추어도 된다. 그것은 나 자신에게도 해당하는 이야기다. 시스템을 만든다는 것은 더 큰 도전이며, 도전한다고 해서 모두가 성공하는 것도 아니다. 때로는 모든 것을 쏟아부어도 성공을 보장할 수 없다.

바로 그래서 갑부나 재벌은 극히 소수만 존재한다. 부의 정점에 오르는 사람은 희귀할 수밖에 없다. 그만큼 거대한 시스템을 만들어 내는 것은 어렵고, 또 위험이 따른다.

치킨집 사장이 시스템을 자동화해 하루 2시간 출근만으로도 월 1,000만 원의 수익을 만들어 냈다고 하자. 그러나 여기서 중요한 갈림길이 생긴다. 이 수준에서 멈출 것인가, 아니면 더 나아갈 것인가?

만약 월 1,000만 원에 만족하며 행복하게 살아갈 수 있다면, 거기서 멈추어도 전혀 문제가 없다. 오히려 그것만으로도 이미 충분히 성공적인 삶일 수 있다.

하지만 만약 목표가 월 3,000만 원의 순이익이라면, 지금과 같은 구조만으로는 절대 그 벽을 넘을 수 없다. 그 단계에 오르려면 단순히 가게 운영을 넘어, 자신만의 시스템과 브랜드를 구축해야 한다. 즉, 독립하여 지금까지 쌓은 경험과 노하우를 토대로 프랜차이즈를 만들고 확장하는 노력이 필요하다.

물론 그 과정에는 성공과 실패를 스스로 감당해야 하는 리스크가 따른다. 결국 선택은 본인에게 달려 있다. 부의 추월차선에 올라 더 큰 도전을 할 것인지, 아니면 현재의 안정과 행복을 지키며 멈출 것인지 말이다.

행복을 최우선으로 한다면, 이미 월 1,000만 원의 자동수입만으로도 충분히 훌륭한 성과이자 자유로운 삶일 수 있다.

돈을 벌고 싶다면 사고부터 시스템화하라

음식점을 차려 월 1,000만 원의 수익을 목표로 한다면 손님 관리와 음식 서비스에만 집중하면 된다. 하지만 처음부터 프랜차이즈화를 목표로 한다면 접근 방식은 완전히 달라져야 한다. 단순히 가게를 운영하는 차원을 넘어, 동종 업계 프랜차이즈의 성공 방식을 분석해야 하고, 음식점에 스토리와 브랜드 아이덴티티를 입히는 노력이 필요하다. 또한 누구나 쉽게 따라 할 수 있으면서도 일정한 품질을 유지할 수 있는 조리 시스템을 연구해야 한다. 나아가 프랜차이즈화를 준비하려면 인테리어, 물류, 운영 매뉴얼, 조직 관리 등 기업이 돌아가는 시스템 전반에 대한 학습이 병행되어야 한다.

며칠 전 지인과 함께 오적 회관을 다녀왔다. 오징어 전문 요리점이다. 음식점에 들어가기 전까지 프랜차이즈 가맹점이라는 사실을 전혀 몰랐다. 하지만 음식의 구성과 식당에 담긴 스토리를 보면, 그 가게가 프랜차이즈화를 의도하고 있다는 사실을 쉽게 알 수 있다. 시스템을 만들려는 사람들이 운영하는 가게는 공통적으로 스토리텔링이 뚜렷하고, 음식은 누구나 보편적으로 만족할 만한 퀄리티를 유지하면서도 구성에서 탁월함을 보여 준다.

Step 5.

행동하지 않으면 부는 없다

나는 부자가 되기로 마음먹은 뒤 틈나는 대로 동기 부여 영상을 찾아보고 책을 읽으며 변화를 꿈꾼다. 내 안에 숨어 있는 불꽃을 찾아내기 위해 부단히도 노력한다. 어느 날 우연히 성공한 부자의 강의를 듣게 되었다. 평소 동경의 대상으로 생각했기 때문에 강의를 들으러 가기 전부터 가슴이 떨렸다. 드디어 강연 날, 마음을 가다듬고 옷매무새를 매만지며 발걸음을 옮긴다. 강연장까지 왕복 3시간이 걸리지만 성공에 대한 열망과 동경하던 인물을 만날 수 있다는 생각에 어느 때보다 기분이 좋다. 책과 유튜브로만 접하다 육성을 직접 들으니 생생하게 에너지가 전달되는 느낌이다. 강의를 듣는 내내 금방이라도 부자가 될 수 있을 것 같다. 내 안에 숨어 있는 불꽃이 살아나는 듯하다.

아침 6시 30분 알람과 함께 일어나 출근 준비를 한다. 이 지긋지긋한 쳇바퀴 도는 직장인의 삶에서 벗어나고 싶지만, 오늘도 어김없이 지옥철에 몸을 싣는다. 사람들로 붐비는 지하철에서 겨우 핸드폰을 쥔 채 유튜브로 1시간 출근길을 버틴다. '내가 뭐 하고 있나' 싶지만, 무의식적으로 화면에 의지해 답답한 현실을 잊으려 한다. 가까스로 도착한 회사에서 아침 8시 30분부터 저녁 6시까지, 나는 마케터로 일한다. 회사 제품을 홍보하고 기획해야 한다. 그리고 새로운 제품을 만들기 위해 아이디어를 내야 한다. 전국의 영업사원들로부터 문의도 빗발친다. 항의, 제품 문의, 홍보 요청까지 끝없이 쏟아진다. 대응하다 보면 오늘 일도 다 처리하지 못해 내일로 밀리기 일쑤다. 종일 이리 치이고 저리 치이다 보면 어느새 퇴근 시간. 저녁 6시에 회사 문을 나서도 다시 1시간가량 지옥철에 시달려야 한다. 집에 도착하면 7시 20분, 간신히 저녁을 먹고 TV를 켜면 어느새 8시. 소파에 몸을 던지면 손가락 하나 까딱하기조차 싫다. 한쪽 시선은 TV를 보고 곁눈질로 오락을 하며 하루를 마무리한다. 그리고 어제 감명 깊게 들었던 강의에 관한 생각과 가슴에 타올랐던 불꽃은 어느 순간 사라진 지 오래다. 나는 인지조차 하지 못한 채 내일을 맞이한다. 그리고 또다시 쳇바퀴 돌 듯 지옥철에 몸을 맡긴다.

어쩌면 이는 대다수가 매일 겪는 평범한 일상일지 모른다. 하지만 부자가 되느냐 그렇지 못하느냐를 가르는 결정적인 차이는 부의 그릇을 인지하느냐, 하지 못하느냐에 있다. 잉여시간의 법칙, 부의 그릇, 자동화 같은 개념도 중요하지만, 결국 많은 사람이 중도에 포기하는 이유는 왜 실패했는지조차 알지 못한 채 멈춰 버리기 때문이다. 부의 길에 들어서려면 단순히 방법을 아는 데서 그치지 않고, 사람들이 부의 길로 들어서지 못하는 근본적인 이유를 명확히 이해해야 한다. 그래야 비로소 진짜 부의 길로 나아갈 수 있다. 부의 길로 가는 문을 열기 위해서는 문에 딱 맞는 열쇠가 필요하다. 한 손에 열쇠를 쥐고 구멍에 넣어 힘차게 돌려야 드디어 내가 도달할 수 있는 부의 길이 열린다.

부를 여는 첫걸음, 인지에서 행동으로

쉽게 설명해 보자. 부자가 되기로 마음먹은 뒤 자기계발 서적을 서점에서 집어 들고 집으로 돌아왔다. 책에는 여러 가지 부자 되는 방법이 설명되어 있다. 잉여시간의 법칙을 이해하고, 나에게 남은 시간을 계산해야 한다. 자신의 부의 그릇을 인지하고 어디까지 목표로 할지 정해야 한다. 생산자와 소비자의 삶을 분석하고 우리의 성장 목표를 생산자적 삶에 고정해야 한다. 너무 좋은 이야기다. 하지만 30페이지가 넘어가고 100페이지를 넘겨 마지막 책장을 덮는 순간, 앞에서 이야기한 내용은 머리에서 휘발되어 버린다. 대다수가 이와 비슷한 일을 겪는다. 우리의 뇌는 오래 기억하는 걸 힘들어한다. 당시에 내 머리와 가슴은 이해했는데 돌아서면 까맣게 잊어버린다. 분명 그 당시에는 부자로 가는 방법을 이해했지만, 시간이 흐르고 머릿속 기억은 휘발되어 버리는 것이다. 이렇게 사라진 생각은 내가 다시 처음으로 돌아가 책을 꺼내 읽지 않는다면, 영원히 뇌 속 깊이 숨어 있을지도 모른다. 나는 이를 '무인지' 상태라고 부른다. 책을 읽는 순간에는 분명히 인지 상태에 있지만, 시간이 지나면 자연스럽게 무인지 상태로 돌아가게 된다.

무인지가 발생하면 왜 부의 길로 들어서지 못할까? 그 이유는 배운 것을 행동으로 연결할 수 없기 때문이다. 성공한 사람들의 공통점은 명확하다. 배우고 인지했다면 즉시 행동으로 옮긴다는 점이다. 이는 이미 정식 연구로도 여러 번 검증된 사실이다.

우리는 목표를 설정하고, 모르는 것을 배우며 인지 상태에 도달한다. 하지만 여기서 한 걸음 더 나아가 즉시 행동으로 연결해야 한다. 그래야 무인지 상태로 넘어가기 전에 배운 내용을 내 삶에 적용할 수 있다.

이제 잠시 눈을 감고 내 삶의 과정을 떠올려 보자. 인지 상태에서 왜 행동으로 이어지지 않았는지, 그리고 무인지 상태에 도달했을 때 왜 삶이 변화하지 않았는지를 스스로 객관적으로 분석해 보자.

책으로 알기 쉽게 다시 이어 나가 보자. 책을 읽는다는 건 내가 모르는 분야에 대한 전문가의 지식을 배우기 위함이다. 그리고 읽는 걸 넘어서 내 삶에 적용하기 위한 분명한 목적이 있다. 그렇다면 책을 빨리 읽는 것이 중요할까, 아니면 천천히 생각하며 삶에 녹여 내는 것이 중요할까? 정답은 후자다. 빠르게 읽기만 하면 인지 상태가 곧바로 무인지 상태로 이어질 가능성이 크다. 반면, 천천히 읽으면서 생각하고 삶에 적용하면 인지가 활성화되어 배운 내용을 실제 행동으로 옮길 확률이 높아진다.

이처럼 인지와 무인지의 차이는 시간이 지날수록 행동력과 생활 적용력에 영향을 미치며, 마치 복리 곡선처럼 두 사람의 삶에 엄청난 차이를 만들어 낸다.

그렇다면 무엇을 해야 할까? 습관을 바꿔야 한다. 지금 내가 부로 가기 위해 꼭 필요한 걸 배워야겠다고 인지했다면, 책을 덮고 바로 실천해야 한다. 그리고 그 과정을 루틴으로 만들어야 한다. 글이 한 장 한 장 쌓여 책이 완성되듯, 인지의 과정을 행동으로 옮기고 루틴으로 만들어 가는 과정이 하나하나 쌓일 때 비로소 부의 길로 들어설 수 있다. 이 단계에 이르면 미래의 내가 지금의 나를 기다리고 있는 듯한 느낌을 경험하게 된다.

여기까지 읽느라 수고했다. 하지만 지금 당신은 인지에서 무인지로 넘어가는 상태일 수 있다. 만약 무인지 상태에 도달했다면, 다시 처음으로 돌아가 천천히 읽어 보자. 인지의 단계를 행동으로 연결하는 것이 중요하다. 그렇게 한 걸음씩 적용해 나갈 때, 비로소 부의 길로 들어서는 진짜 여정이 시작된다.

Step 6.

부의 선순환 구조에 올라타는 법

철학자 니체는 초인이 되는 과정을 낙타 → 사자 → 아이의 정신으로 설명했다.

첫 단계인 낙타 정신은 "나는 해야 한다"는 삶이다. 낙타처럼 무거운 짐을 지고 앞만 보고 나아가는 삶으로, 주인의 명령에 복종하며 해야 할 일을 묵묵히 수행하는 상태를 의미한다. 이는 책임감과 인내를 요구하지만, 스스로 선택하거나 주도할 여지는 거의 없다.

낙타 정신을 극복하면 사자 정신으로 나아간다. 사자는 "나는 하길 원한다"라는 태도를 보인다. 낙타가 타인의 의지에 끌려다닌다면, 사자는 자신의 선택과 계획에 따라 진취적이고 도전적인 삶을 살아간다. 남의 눈치를 보지 않고 스스로 결정하며, 원하는 것을 향해 적극적으로 행동하는 주체적 정신을 의미한다.

니체는 최고의 정신을 아이의 정신이라고 이야기한다. 사자 단계를 지나 아이의 정신에 도달하면, 인간은 최고의 몰입 단계에 이르게 된다. 니체는 아이들의 행동을 유심히 관찰하며, 놀이 속에서 자연스럽게 나타나는 남을 위하는 마음과 순수한 호기심을 발견했다. 아이에게서는 배울 점이 무궁무진하다. 특히 부에 도달하기 위해서는 아이들의 모습에서 2가지 중요한 특성을 배워야 한다. 한 가지는 이후에 다루기로 하고, 여기서는 부의 핵심 요소 중 하나인 '남을 위한 마음'에 대해 이야기하려 한다.

부를 얻기 위해서는 탄탄한 나만의 그릇을 조금씩 늘려가는 과정이 필요하다. 그릇을 빨리 키울 수도 있지만, 오만으로 인해 자신의 그릇 이상을 담아내려 한다면 그릇이 깨져 오히려 부와 멀어질 수 있다.

탄탄한 부의 그릇을 만들기 위해서는 부의 선순환 구조에 올라타야 한다. 즉, '내 것'이라는 이기심과 혼자 부를 독차지하려는 오만에서 벗어나야 한다. 아이처럼 순수하게 남을 돕겠다는 마음을 가질 때, 부의 선순환 구조가 작동하며 나만의 안정적인 그릇이 만들어지고, 그 과정을 통해 원하는 부에 이를 수 있다.

그렇다면 부의 선순환 구조에 올라타기 위해서는 구체적으로 무엇을 해야 할까?

남을 돕고 싶은 마음에서 출발하라

《천 원을 경영하라》의 저자는 우리가 모두 알고 있는 다이소를 창업한 박정부 회장이다. 그는 다이소를 설립하기 전, "모든 국민이 천 원으로 필요한 물건을 살 수 있게 하려면 어떻게 해야 할까?"라는 질문에서 출발했다. 처음부터 목표는 '내 것'이 아닌 '남을 위한 마음'이었다. 하지만 처음부터 모든 물건을 천 원에 저렴하게 공급하는 것은 쉽지 않았다. 대부분 사람이라면 포기했겠지만, 박정부 회장은 다시 도전했다. 그는 대량 구매를 통해 원가를 낮춰 천 원에 물건을 공급하기 시작한 것이다. 자칫 실패하면 재고 부담으로 한순간에 무너질 위험이 있었지만, 그는 한두 가지 품목에서 점진적으로 확장하며 성공으로 이어 갔다. 매장이 늘어나면서 대량 구매가 가능한 제품도 자연스럽게 증가했다. 오늘날 인플레이션 시대에도 천 원의 행복을 누릴 수 있는 곳은 오직 다이소뿐이다.

야놀자(Yanolja)는 2021년 소프트뱅크 비전 펀드로부터 2조 원의 투자 유치를 받고 기업 가치 10조 원을 뜻하는 '데카콘'으로 올라섰다. 누구나 편하게 숙박, 여행, 레저, 비행기 표 등을 한곳에서 비교하여 예약할 수 있는 플랫폼을 만들었다. 야놀자 창업주 이수진 대표는 처음부터 부자와 거리가 멀었다. 대표적인 흙수저 출신으로, 주식 투자 실패와 수많은 사업에 도전해 번번이 실패하다 결국 모텔에 취업하게 된다. 모텔에서 근무하던 시절, 이수진 대표는 한 가지 아이디어를 떠올렸다. "누구나 쉽고 간편하게 숙박 정보를 비교하고 예약할 수 있는 플랫폼을 만들면 사람들에게 편리함을 줄 수 있지 않을까?" 이수진 창업주 또한 처음에는 남을 돕고 싶다는 마음에서 시작했다. 만약 돈을 먼저 떠올렸다면, 이런 일은 불가능했을 것이다. 돈을 우선순위로 두고 세상을 바라봤다면, 사람들을 도울 수 있는 '연결'이라는 개념을 미처 떠올리지 못했을 것이다. 모든 사람을 편하게 도와주겠다는 어린아이의 순수한 마음에서 부의 선순환 구조가 시작된다. 다이소를 키운 박정부 회장, 숙박업을 연결한 이수진 대표 모두 '내 것'이라는 개념은 머릿속에 없었다. 모든 것은 '대중에게 더 편리하고 저렴하게 제공할 수 있을까?'라는 마음에서 출발했다. 사람들은 그 진심에 감동해, 자신도 모르게 주머니의 돈을 지출하게 된다. 즉, 남을 생각하는 마음에서 아이디어가 나오고, 그 진심을 사람들이 공감하며 지출로 이어지는 과정이 부의 선순환 구조다. 이렇게 얻어진 부는 내가 욕심을 부린 결과가 아님에도 자연스럽게 불어난다.

부자가 되기 위해서는 먼저 남을 도와주겠다는 마음으로 세상을 관찰해야 한다. 그래야 아이디어가 떠오르고, 대중은 그 마음에 감동해 나의 가치를 소비하게 된다.

부로 가는 길은 다양하다. 부동산 투자, 주식 투자, 강연, 유튜브, 파워블로거, 스마트스토어 창업 등 어떤 길을 택하든 부의 선순환 구조에 들어설 수 있는 마음, 즉 남을 돕고 싶은 마음부터 가져야 한다. 그때 비로소 마음속에 해답이 선명하게 보일 것이다.

하지만 남을 위한 마음은 한 번에 루틴이 되지 않는다. 주변을 세심히 살피고, 타인의 생각에 공감하며, 어떻게 도울 수 있을지 끊임없이 고민해야 한다. 무의식을 의식으로 돌려 꾸준히 세상을 관찰해야 그제야 부의 길로 들어서는 방법이 보이고 아이디어가 솟아난다. 예를 들어, 부동산 투자와 관련한 강의를 하고 싶다면 사람들에게 부동산 사이클을 손쉽게 이해시킬 방법을 고민해야 한다. 음식점 창업을 목표로 한다면 맛있고 건강한 음식을 제공할 방법을 먼저 생각해야 한다. 만약 단순히 원가와 판매가의 차액을 많이 남겨 부자가 되겠다는 생각으로 접근하면, 저가 재료 사용이나 편법에 의존할 수 있다. 대중은 이러한 편법을 금세 알아채고, 그 순간 부의 선순환 구조는 역순환으로 바뀐다. 지금 나의 위치를 돌아보자. 나는 부의 길로 들어서기 위해서 어떤 도전을 하고 있는지 점검해 보자. 그리고 그 길 위에서 타인을 돕고자 하는 마음을 잊지 않았는지 스스로에게 질문해 보자. 주위를 둘러보고 관찰하는 습관을 루틴화해 보자. 습관처럼 몸에 배면 타인을 위하는 마음이 자연스럽게 가슴에서 우러나온다. 그리고 타인은 그 보답으로 지갑을 열어 나에게 줄 것이다. 마침내 부의 선순환 구조에 들어서게 된다.

부의 선순환 구조란 돈의 흐름이 자발적으로 타인의 주머니에서 내 주머니로 이동하는 것을 의미한다. 부의 선순환 구조에 올라타기 위해서는, 타인을 위한 마음을 지금 내가 '부'에

■ 부의 선순환 구조

남을 위한 마음을 우선한다.	>	현재 부로 가는 방법에 대입한다.	>	아이디어를 만들고 실천해 본다.
>	내 가치를 대중이 알아준다.	>	내 가치를 대중이 구매한다.	부자의 길로 들어선다.

■ 부의 역순환 구조

나를 위한 마음을 우선한다.	>	현재 부로 가는 방법에 내 것만 대입한다.	>	아이디어를 만들고 실천해 본다.
>	내 가치를 인정받지 못한다.	>	대중은 지갑을 열지 않는다.	부자의 길에서 멀어진다.

도전하는 영역에 투영해야 한다. 이를 위해서는 반복적으로 스스로 질문해야 한다.

"지금 내가 도전하는 분야에서 어떻게 하면 타인을 도울 수 있을까?

이 질문을 계속 던지다 보면, 남을 도울 수 있는 지점이 조금씩 보이기 시작한다. 예를 들어, 30대가 될 때까지 정규직에 취직하지 못하고 50곳의 아르바이트 경험을 쌓은 취준생이 있다고 하자. 만약 자신의 상황을 부정적으로만 바라본다면 '벌써 서른 살인데도 취직하지 못한 실패자'라고 스스로를 규정할 수 있다. 하지만 시각을 바꿔, 지금까지 쌓아온 경험을 남을 돕는 데 활용할 방법을 고민해 보자. "나는 현재 서른 살이지만, 이렇게 다양한 아르바이트 경험을 가진 사람은 얼마나 될까?" 그 경험 자체가 누군가에게는 큰 도움이 될 수 있다. 이러한 메시지를 글로 써 책을 펴내고 젊은이들에게 희망을 주는 강연자가 될 수도 있다. 핵심은 질문이다. "남을 위해 내가 도와줄 수 있는 것은 무엇일까?" 이 질문을 자신이 도전하는 영역에 대입하면, 사람들은 자연스럽게 나의 가치를 인정하고 기꺼이 대가를 지불한다. 이것이 바로 부의 선순환 구조다.

며칠 전 택시를 탔다. 서울에서 성남으로 이동하는 동안 택시 기사님과 한마디도 이야기하지 않고 집에 도착했다. 나는 문득 이런 생각이 들었다. 택시 기사는 누구보다 다양한 직군의 사람과 다양한 지위에 있는 사람을 만날 수 있다. 그냥 무의미하게 운전하며 시간을 보내는 것이 아니라, 다양한 사람의 목소리를 들어주는 택시 기사가 된다면, 그리고 다양한 사람의 이야기를 나만의 시각으로 타인을 위로하는 글이나 콘텐츠를 만든다면 어떨까? 지금 하는 일을 무의미하게 바라보기보다, 그 안에 남을 위한 이야기를 담아 보자. 남을 도와주고 싶다는 마음으로 임한다면, 부는 결국 현재의 나로부터 자연스럽게 확장되지 않을까?

유통 플랫폼으로 1,100억의 매출을 올린 CEO가 있다. 서른 살을 갓 넘긴 CEO는 몇 년 전까지 평범한 취준생이었다. 방학이면, 아버지 농사일을 도와주러 본가로 내려갔다. 그러던 중 아버지가 기른 채소가 헐값에 팔리는 현실을 보고 속상해 그 이유를 찾기 시작했다. 분명 서울에 가면, 아버지가 200원에 공급한 파 한 단이 1,500원에 팔리는데 어디에 문제가 있는 것일까? 그 이유는 복잡한 유통 과정에 있었다. 유통 과정이 복잡하다 보니 산지에서 소비자로 이어지는 과정에서 가격이 오르는 구조였다. 아들은 고민하기 시작했다. 어떻게 하면 유통 과정을 줄이고 농사꾼과 소비자 둘 다 만족하는 지점을 찾아낼 수 있을까? 그리고 산지의 값싸고 신선한 채소를 사람들에게 제공할 수 있을까? 고민 끝에 산지 직거래 플랫폼을 만들었다. 처음에는 힘든 도전의 연속이었지만, 차츰 입소문이 나면서 너도나도 플랫폼을 이용하기 시작했다. CEO는 매우 겸손했다. "매출은 높을지 모르지만, 농사꾼과 소비자를 만족시키기 위해서 영업이익은 낮습니다. 그리고 저의 플랫폼이 더 성장하더라도 지금의 틀에 변화를 주지 않을 것입니다. 제 이익보다 처음 시작할 때 그 마음, 남을 위한 마음으로 운영할 테니까요!"

질문해 보자. 현재 내가 가지고 있는 재능 중에 남을 도와줄 수 있는 게 없을까? 반복해서 질문해야 나의 장점이 보이고 남을 도와줄 수 있는 지점이 보인다.

THINK & ACTION

나의 재능과 부의 선순환

1. 현재 내가 가지고 있는 재능 중 남을 도와줄 수 있는 것은 무엇인가? 생각나는 재능을 5가지 이상 적어 보자. 반복해서 질문하며 새로운 아이디어가 떠오를 때마다 추가한다.

1. _____
2. _____
3. _____
4. _____
5. _____
6. _____

2. 재능별로 남을 도울 수 있는 구체적 방법을 적어 보자.

_____
_____
_____

3. 가장 즉시 행동으로 옮길 수 있는 재능은 무엇인가? 짧은 시간 안에 실천 가능한 방법을 구체적으로 적어 보자.

재능 : _____

실행 방법 : _____

실행 목표 : _____

Step 7.

부자는 왜 단순하게 사는가?

　세계적 부자 반열에 오른 페이스북(현 메타) 창업자 마크 저커버그와 JYP 엔터테인먼트 수장 박진영에게는 공통점이 있다. 에너지를 효율적으로 관리하며 부의 길에 들어섰다는 점이다. 우리는 사소한 습관으로 인해 사라지는 에너지를 과소평가하곤 한다. 하지만 부자가 되기 위해 도전한다면, 불필요한 에너지를 끊어 내고 성장에 필요한 에너지로 전환하여 목표에 집중할 때 성공 확률은 급격히 높아진다. 페이스북 창업자 마크 저커버그가 회색 단벌 신사로 유명한 것도 같은 맥락이다. 대중 앞에서 연설하던 중, 청중은 호기심과 웃음을 머금고 마크 저커버그에게 질문을 던진다. "세상에서 제일 돈이 많은 사람 중 한 명인데, 왜 명품 옷은 안 입고 똑같은 회색 옷만 입는 걸까요?"

마크 저커버그는 미소를 지으며 대답한다. "나는 아침에 옷을 고르는 데 에너지를 쓰고 싶지 않습니다. 그것은 사소해 보이지만, 그 찰나에도 우리의 에너지는 불필요하게 소비됩니다. 그래서 나는 평생 회색 옷만 입을 겁니다."

박진영 또한 마찬가지다. 이미 큰 부를 일군 연예인임에도 불구하고 단출한 옷차림으로 유명하다. 박진영은 TV 예능에 나와 옷을 입는 데 30초밖에 소모하지 않는다고 했다. 집에 있는 그의 옷 대부분은 고무줄로 되어 있어 잘 늘어나고 편안한 것들이다. 이는 단순한 취향이 아니라, 불필요한 에너지 소모를 최소화하겠다는 의지의 표현이다. 옷차림조차 고민하지 않겠다는 강한 결심이 담겨 있다. 대신 이들은 자신이 목표로 한 지점을 향해 오롯이 집중했고 누구나 다 아는 부의 반열에 올랐다. 돋보기를 들고 해가 내리쬐는 여름에 한곳을 집중적으로 비추면 에너지가 모여 불을 피울 수 있다. 돋보기 원리처럼 에너지를 한곳에 집중할 때 우리는 부의 길에 들어설 수 있다.

쓸데없는 에너지 소모를 줄이고 목표에 집중하라

에너지는 눈에 보이지 않는다. 보이지 않기에 우리는 종종 그것의 존재를 잊는다. 그러나 이렇게 눈에 보이지 않는 에너지도 습관과 의지력으로 충분히 통제할 수 있다. 첫째는 습관이다. 많은 부자가 공통적으로 강조하는 이야기가 있다. 바로 생활을 최소화하라는 것이다. 집 안의 불필요한 물건을 줄이고 공간을 단순하게 유지하며, 아침에 일어나면 가장 먼저 이부자리를 정리하는 습관을 들이자. 이 작은 행동이 하루를 주도할 수 있다는 자신감으로 이어지기 때문이다. 또, 부의 길로 들어설 때까지는 에너지를 분산시키는 요소, 예를 들어 반려동물처럼 많은 시간과 정성이 필요한 것들은 피하라고 조언한다.

왜 부자들은 한결같이 이런 이야기를 할까? 그 이유는 바로 에너지의 총량을 이해하고 있기 때문이다. 사소한 선택과 행동에 에너지를 낭비하다 보면 하루가 끝날 즈음에는 지쳐 버리고, 결국 부정적인 감정에 휘둘리고 만다. 그렇게 되면 성공을 향한 집중력이 떨어지고, 목표에 도달하는 길이 더 멀어질 수밖에 없다.

예를 들어 보자. 퇴근하고 문을 열고 집에 들어왔다. 종일 회사에서 업무를 보느라 나의 에너지는 40퍼센트밖에 남지 않았다. 하지만 집에 들어서자마자 문 앞에는 택배가 쌓여 있고, 이부자리는 정리되지 않은 채 방치되어 있다. 싱크대에는 설거지가 밀려 있고, 집 안은 불필요한 물건들로 어수선하다. 게다가 반려동물까지 돌봐야 한다. 이미 에너지가 40퍼센트밖에 남지 않은 상태에서 이런 환경을 마주하면 집 정리에만 힘을 쏟게 되고, 긍정적인 생각이나 부자가 되겠다는 다짐은 좀처럼 떠오르지 않는다. 우리는 알게 모르게 불필요한 부정적인 기운에 휩싸여 살고 있을지도 모른다.

반대로, 퇴근 후 힘든 하루를 마치고 집에 들어왔다. 회사에서는 열심히 일하며 조금씩 성장하고, 부자가 되기 위한 자동 수익을 만들기 위해 노력하고 있다. 나는 매일 출근 1시간 전에 일어나 명상을 하고, 이부자리를 정돈한 뒤 30분간 책을 읽으며 머리를 맑게 한 후 하루를 시작한다. 퇴근 후 집에 들어서면 불필요한 물건은 보이지 않는다. 애초에 사지 않기 때문이다. 방 안에는 책이 가득한 서재와 옷가지뿐이다. 작은 도서관 같은 나만의 공간 덕분에 퇴근 후에도 온전히 나를 위한 시간을 누릴 수 있다. 집을 미니멀라이즈한 덕분에 치울 것도 따로 없고, 덕분에 남아 있는 에너지 40퍼센트를 오롯이 나를 위해 쓸 수 있다.

과거의 나는 에너지 관리를 전혀 인식하지 못한 채 살았다. 힘들게 일한 나에 대한 보상으로 레고를 조립하고 전시하는 취미를 즐겼다. 어느새 2,000만 원이 넘는 레고를 모았고, 시간이 지나면서 레고에는 먼지가 쌓였다. 그 먼지를 치우는 데만 무려 4시간씩 허비했다. 당시에는 그것마저 즐거움이라 여겼다. 하지만 부자가 되겠다고 결심한 순간, 나는 레고를 모두 정리해 버렸다. 중고로 팔 생각조차 하지 않았다. 그마저도 내 시간과 에너지를 빼앗길까 두려웠기 때문이다. 결국 레고는 그저 '예쁜 쓰레기'였음을 깨달았다. 모든 레고와 불필요한 물건들을 버렸다. 그리고 내 삶의 목표를 위해 책장을 사서 책을 채워 넣었다. 누구에게도 간섭받지 않는 깔끔한 공간에서 모든 게 시작됐다. 그리고 곳곳에 목표를 붙이고 시각화했다. 작가가 되겠다는 다짐 또한 내 목표 중 하나였다. 그리고 현재 그때 적은 목표의 80퍼센트를 달성했다. 사소해 보이지만, 사실 우리의 에너지를 분산시키는 것들이 있다. 우리는 하루에도 수만 가지 선택을 한다. 그리고 그 모든 선택에는 '선택 에너지'가 필요하다. 선택을 단순하게 하는 습관에서부터 집 안을 깨끗하게 관리하는 일, 나아가 부자가 되기 위해 좋아하는 반려동물 키우기를 잠시 미루는 용기까지, 이 모든 것이 한곳으로 모일 때 비로소 부로 이어진다.

70퍼센트의 의지력을 유지한다

둘째는 의지력이다. 사람들은 대부분 의지력이 무한대로 생겨난다고 생각한다. 하지만 내가 관찰한 바로는 의지력을 100퍼센트 활성화해서 산다면 오히려 부의 길에 들어설 수 없다. 그 이유는 우리가 생각하는 것만큼 의지력에서 뿜어져 나오는 에너지는 오래가지 못하기 때문이다. 새해 첫날 해돋이를 보며 새해 다짐을 한다. 목표를 세우고 1년 중 가장 높은 의지력을 뿜어낸다. 하지만 새해 첫날의 의지력은 대부분 3일을 넘기지 못한다. 우리가 모두 알고 있는 작심삼일이다. 호기롭게 시작했지만, 과도한 의지력 남발로 빨리 지쳐 포기하게 되는 것이다. 부자 되기 위한 입문 단계가 '동기 부여 영상'이다. 동기 부여 영상을 보면 30초 안에 에너지가 치솟으며 심장에 스파크가 튀는 듯한 경험을 한다. 그 순간에는 의지력을 100퍼센트 쏟아 내지만, 시간이 흐르면 의지력은 급격히 저하된다. 그 이유는 성과가 그 즉시 나타나지 않기 때문이다. 의지력을 다해 노력해도 곧바로 눈에 보이는 결과가 나오지 않으니 금세 지치고 무기력해진다.

처음 3일 동안은 누구나 온 힘을 다해 시작한다. 나도 동기부여 영상에 힘입어 그렇게 시작했다. 하지만 깨달아야 한다. 성과는 단기간에 나타나지 않으며, 눈에 보이는 결과가 없으면 쉽게 지치고 실망하며, 시간이 지나면서 포기하게 된다는 사실을. 이것은 대부분이 겪는 자연스러운 과정이다. 그래서 3일이 지나면 의도적으로 에너지를 70퍼센트 수준으로 조절해야 한다. 만약 70퍼센트도 무겁게 느껴진다면 60퍼센트까지 내려도 괜찮다. 그렇다면 100퍼센트와 70퍼센트의 차이는 무엇일까? 100퍼센트는 온 힘을 다해 한곳에 몰입하는 것이고, 70퍼센트는 힘을 빼고 마음을 가볍게 하면서도 꾸준히 이어 가는 것이다. 예를 들어 보자. 100미터 달리기 선수가 있고 마라톤 선수가 있다. 100미터 달리기 선수는 에너지를 100퍼센트 사용한다. 마라톤 선수는 자신의 에너지를 70퍼센트 상태를 유지해 42.195킬로미터를 완주한다. 모든 에너지를 처음부터 쏟아부으면 완주조차 하기 힘들기 때문이다.

부의 길은 마라톤과 같다. 각자의 그릇과 준비 상태에 따라 여정은 더 험난하고 길게 느껴질 수 있다. 그런데 시작부터 100퍼센트의 의지력을 쏟아붓는다면 어떻게 될까? 당연히 몇 킬로미터도 못 가 지쳐 버리고 만다. 아직도 40킬로미터 이상 남아 있는데, 초반에 모든 에너지를 다 써 버린 탓이다. 하지만 그 정도에 따라 장기간의 레이스를 해야 할 수도 있으므로 의지력을 70퍼센트로 유지해야 지치지 않는다. 또한 바로 나오지 않는 결과에 대해서도 실망하지 않을 수 있다. 의지력을 70퍼센트로 유지하면 하루하루 작은 성과에 만족할 수 있다. 지금 당장 큰 성과는 아니더라도, 조금씩 쌓아가는 나의 행동들은 시간이 지날수록 복리의 마법처럼 성장으로 돌아온다.

현재 자신의 습관 중 에너지가 불필요하게 쓰이는 부분을 적어 보자. 그리고 그 불필요함을 인지했다면, 무엇을 어떻게 바꿔 나갈지도 함께 적어 보자. 이렇게 구체화한다는 것은 나 스스로 행동을 시각화하고, 머릿속으로 정리하는 과정이다. 작은 습관의 변화가 나중에는 큰 차이를 만들어 낸다.

THINK & ACTION

나의 에너지 체크리스트

불필요하게 소모되는 에너지 습관	>	부의 길로 가기 위한 에너지 습관

불필요하게 소모되는 에너지의 예

정리 정돈 안 된 이불

방치된 설거지

불필요하게 오래 걸리는 옷 입는 습관

불필요하게 오래 소모되는 머리 관리 습관

의무적으로 잡는 약속(술자리)

무엇을 먹을까 고민하는 식사 습관

습관적으로 내는 나쁜 말투(화)

타인에 대한 불필요한 관심

타인을 응원하는 데 쏟는 시간(스포츠 관람, 동경하는 대상에 대한 집착)

무의식적으로 보고 있는 숏폼

작은 소비를 아끼기 위해 에너지를 쓰는 행위

과도한 청소

과도한 취미 활동

성공하기 전까지 반려견 키우기

Step 8.

부자들의 비밀 무기, 망각의 힘

개그맨 신동엽은 과거 100억 원이라는 빚을 진 적이 있었다. "100억이라는 빚을 머릿속에 계속 담아 뒀다면 지금의 저는 없었겠죠. 그 당시에는 죽기 살기의 각오로 빨리 잊고 앞으로 나아가는 길밖에 없었습니다." 평범한 사람으로서는 상상조차 하기 힘든 금액이지만, 그는 이를 발판 삼아 지금의 위치에 올랐다. 만약 내가 개그맨 신동엽이였다면, 모든 걸 포기했을지도 모른다. 하지만 신동엽은 과거의 실패를 오래 붙들지 않고 스스로를 빠르게 '망각의 영역'으로 이끌었다. 그리고 처음부터 다시 시작해 작은 성취를 쌓아 나가며 큰 성과로 연결했다. 그 결과 지금은 자신만의 탄탄한 부의 그릇을 갖춘 개그맨으로 자리매김했다.

  부의 길에는 수많은 고난과 역경이 존재하며, 때로는 낭떠러지에 빠져 헤어 나오기 힘든 순간도 찾아온다. 이런 상황에 부딪힌다면 단순히 포기하고 우울함 속에 머물러 있어서는 안 된다. 오히려 아이처럼 빨리 과거를 잊고 앞으로 나아가 재도전하는 것이 필요하다. 분명한 건 실패의 두려움을 빨리 잊어버리고 앞으로 나아갈 때 경험이라는 나이테가 내 안에 새겨진다는 사실이다. 경험하는 과정에서 얻은 수많은 상처는 나를 부자로 만들어 주는 소중한 생채기가 된다. 부의 길은 순탄하지 않다. 위기가 닥쳤을 때 빠르게 망각을 이용하여 실패를 잊고 재도전하는 연습이 필요하다.

좋은 망각과 나쁜 망각

  세상에는 좋은 망각과 나쁜 망각이 존재한다. 이 둘은 상극과 같아서, 나쁜 망각으로 발현되면 돌이킬 수 없는 절망을 가져오지만, 좋은 망각은 삶을 앞으로 나아가게 하는 강력한 힘이 된다. 니체는 아이들의 모습을 통해 '망각'이라는 우주가

준 선물을 이해하게 되었다. 아이들은 단순히 시간을 흘려보내는 것이 아니라, 뒤돌아보지 않고 오롯이 앞으로 나아가는 강한 힘을 보여 준다. 아이들은 혼나도, 칭찬해도, 열심히 만들던 것이 부서져도 금세 까먹고 웃으면서 다시 시작할 힘을 낸다. 이는 축복이며 세상이 준 가장 큰 선물이다.

반대로 나쁜 망각도 존재한다. 그것은 과거의 실수를 반복하는 것이다. 부를 향한 여정에는 수많은 험난한 길이 기다리고 있으며, 실수와 착오 속에서 경험이라는 나이테가 쌓인다. 하지만 과거의 실패를 교훈 삼지 않고 같은 실수를 되풀이한다면, 이는 나쁜 망각이 발현된 것이다. 나쁜 망각이 계속된다면 우리는 다음 단계로 나아갈 수 없으며, 삶이 뒤로 역주행하는 듯한 경험을 하게 된다.

직장 동료 김 과장은 주식 투자를 즐겨 한다. 하지만 매일 돈을 벌어 본 적이 없다고 하소연한다. 계좌는 항상 마이너스다. 하지 말라는 테마주, 급등 주식, 뇌동매매를 골라서 해 투자하는 족족 실패한다. 어쩜 저렇게 청개구리처럼 투자하는지 모르겠다. 김 과장이 A 섹터를 사면 기가 막히게 B 섹터가 오른다. 그리고 B 섹터로 가면 다시 A 섹터가 오른다. 김 과장에게 나쁜 망각 증상이 반복되는 이유는 명확하다. 그는 투자에 대한 자신의 철학이 없고, 기본 원리에 대한 이해도 없다. 대신 빨리 돈을 벌고 싶은 마음만 앞선다. 김 과장이 의존하는 것은 특정 유튜버의 리딩 방송이나 TV 정보뿐인데, 그가 이러한 정보를 접할 즈음에는 이미 그 가치가 사라지고 없을 때가 많다. 정보가 공개되면, 미리 알고 있던 사람들은 이미 수익을 챙기고 떠났기 때문에, 뒤늦게 접근한 김 과장은 오히려 손해를 본다. 결국, 자신의 판단 없이 외부 정보에 의존하며 과거 실패를 교훈 삼지 못하는 습관이 반복되면서 나쁜 망각이 지속되는 것이다. 나쁜 망각이 반복되면 인생은 후진한다.

망각을 이용하지 못하면 후회라는 친구가 찾아온다. 후회는 빨리 잊어버리지 못하게 발목을 잡고 과거에 사로잡혀 앞으로 나아가지 못하게 한다. 과거에 투자에서 손실 났던 후회, 선택의 갈림길에서 잘못된 선택으로 다시 돌아가기 힘든 길을 택했던 기억 등 이러한 쓰라린 선택의 후회는 빨리 망각의 개념을 이용해 떨쳐 버려야 한다. 그래야 힘차게 앞으로 나아갈 수 있다.

망각은 다소 모호한 개념이지만, 의식의 흐름 속에서 전략적으로 망각을 활용할 줄 알아야 한다. 모든 부자에게서 공통적으로 나타나는 특징이 바로 이 망각의 힘이다. 그들은 실패해도 금세 잊고 다시 도전하며, 또다시 실패하더라도 흔들리지 않고 묵묵히 자기 길을 걸어간다. 마치 물방울이 끊임없이 바위를 뚫듯, 실패를 빨리 잊고 지속적으로 시도해야 비로소 큰 성과를 만들어 낼 수 있다.

인생은 고해다. 수많은 절망과 좌절, 실패 속에서도 빠르게 잊고 다시 도전할 힘이 필요하다. 만약 망각이 후회로 바뀐다면, 목표는 점점 멀어질 수밖에 없다.

나쁜 망각은 버리고, 좋은 망각을 전략적으로 활용해 앞으로 나아가자.

> **TIP**

빠르게 내면을 다스리는 법

문제가 발생했을 때, 즉각적으로 반응하거나 감정에 휘둘리는 대신 잠시 멈춰 서서 명상을 하거나 눈을 감고 숨을 고르는 시간을 가져 보자. 이때 중요한 것은 단순히 쉬는 것이 아니라 자신의 내면을 관찰하고 정리하는 과정이다. 부정적인 감정이 올라올 때 이를 억누르려 하기보다는, 한 발 떨어져 바라보고 '이 감정은 나의 행동을 방해할 뿐'이라는 사실을 인식하자.

깊게 호흡하며 마음을 차분하게 만들고, 동시에 미래의 목표를 상상한다. 내가 원하는 모습, 이루고자 하는 성취, 부를 쌓아가는 나의 모습을 구체적으로 떠올리며 현재의 부정적 경험과 분리시키는 것이다. 이렇게 하면 부정적인 생각들은 점차 희미해지고, 목표에 집중할 수 있는 '망각의 영역'으로 자연스럽게 들어가게 된다.

눈을 감고 자기 객관화의 상태에 들어서면, 내 뇌는 불필요한 감정적 소모를 줄이고 의사결정과 행동을 최적화하기 시작한다. 이는 단순한 휴식이 아니라, 내 에너지를 재정비하고 다시 도전할 힘을 충전하는 과정이다. 작은 습관처럼 반복하면, 부정적 상황 속에서도 빠르게 회복하고 전략적으로 움직이는 능력이 강화된다.

Step 9.

부의 사다리를 오르는 조건

테슬라와 스페이스X의 CEO이자 수석 엔지니어인 일론 머스크의 삶은 평범함과 거리가 멀다. 세상 사람들은 그의 도전을 보며 "그게 가능하겠어?"라는 의심 어린 시선으로 바라봤다. 하지만 지금, 그는 인류의 엄청난 진보를 이끈 도전의 아이콘으로 평가받는다. 머스크가 처음부터 성공을 거둔 것은 아니었다. 그가 상상한 것들은 대부분 허상에 가까웠다. 심지어 인류를 화성에 보내겠다는 현재의 계획조차 처음엔 허풍처럼 들렸다. 그러나 그의 발자취를 돌아보면, 결국 불가능해 보이던 일도 현실로 만들어 낼 수 있음을 알 수 있다.

세계 최고의 부를 이룬 일론 머스크에게 '일과 삶의 균형'은 존재하지 않는다. 방송 인터뷰에서 일주일 내내 쉬지 않고 일만 한다고 답했다. 일론 머스크의 길에는 끊임없는 도전과 야망, 새로운 시도, 확고한 목표 의식 속에서 치열함이 스며 있다. 그렇다면 그의 삶에서 우리가 배워야 할 핵심은 무엇일까? 바로 치열함이다. 자신이 원하는 목표를 상상하고 계획했다면, 꿈을 이루기 전까지 누구보다 치열하게 도전하는 것. 우리는 일론 머스크를 통해 목표를 향해 온 힘을 다해 살아야 하는 이유를 배울 수 있다.

요즘 시대에는 사람들의 가치관이 많이 바뀌었다. 많은 이들이 자신의 라이프스타일을 중시하며, 적당히 일하고 남는 시간을 온전히 즐기고 싶어 한다. 하지만 이 책을 읽고 있다면, 당신은 지금 부를 꿈꾸고 있을 가능성이 크다. 아울러 '나만의 부의 그릇은 무엇일까?'라는 고민도 하고 있을 것이다. 모든 사람이 치열하게 살아갈 수는 없다. 그러나 부자가 되기로 마음먹었다면, 적어도 그 길의 초입에서는 치열하게 살아야 한다. 나의 부의 그릇을 찾아 한 걸음씩 나아가기 위해서는 지금 당장 눈에 띄는 성과가 없더라도 누구보다 치열하게 살아갈 필요가 있다. 젊어서 고생은 사서도 한다고 했다. 이 말을 직역하면 젊었을 때 고생하며 치열하게 살아야 미래의 내 삶이 바뀔 수 있다는 것이다.

김미경 강사의 《마흔 수업》에서 스무 살은 어른 나이로 0살이라고 했다. 그러면 마흔 살은 어른 나이로 스무 살이다. 대학을 졸업하고 사회에 나서면 우리는 종종 빠르게 부자가 되고 싶어 한다. 주위를 보면서 외제 차를 타고 골프를 즐기며 멋지게 사는 사람들을 부러워한다. 인스타그램에서는 매일같이 특별한 날처럼 하루를 즐기는 사람들의 모습이 공유된다. 해외여행을 가고, 오마카세를 먹고, 좋은 차를 타는 모습이 연이어 올라온다.

하지만 중요한 것은 부의 그릇을 탄탄하게 키워야만 안정적으로 성장할 수 있다는 점이다. 비교하는 마음에 사로잡혀 급하게 부자가 되겠다고 마음먹으면, 우리는 편법이나 무리한 방법으로 부의 길에 들어서게 된다. 편하고 쉬운 길을 선택하는 순간, 예상치 못한 문제에 부딪혀 부의 사다리가 끊어질 위험이 커진다. 한 번 끊어진 사다리는 쉽게 다시 연결되지 않을 수도 있다.

현재 서른 살이라고 가정해 보자. 어른 나이로 고작 열 살이다. 열 살이 하루아침에 어떻게 부자가 되겠는가. 마흔이 되기 전까지는 수많은 실패와 도전을 통해 경험치를 길러 내는 게 우선이다. 누구보다 치열하게 살아야 나만의 경험치가 만들어진다. 나만의 부의 그릇을 단단히 만들고 부의 사다리를 한 걸음 한 걸음 올라가기 위해서는 치열함에서 오는 경험을 차곡차곡 쌓아야 한다. 그렇게 쌓인 경험의 나이테는 점점 단단해지고, 굳은살처럼 나만의 부의 그릇을 형성한다. 단단하게 굳어진 부의 그릇은 어떤 시련이 닥쳐도 쉽게 깨지지 않으며, 나를 지켜 주는 강력한 보호막이 된다.

빠르고 쉬운 길은 없다

《가짜 생각이 불안이 되지 않게》의 유덕권 작가를 블로그를 통해 우연히 알게 되었다. 책 출간 소식을 듣고 궁금해 그의 삶을 들여다본 적이 있다. 유덕권 작가는 고양예술고등학교 연기과 교사이다. 고등학교 3학년 때 사회 불안증이 발병하여 22년간 사회 불안증 환자로 살았고, 18년간 불안과 우울증 약을 먹어 왔다. 사회 불안증이란 사람 만나기, 발표, 주목받는 상황과 같은 사회적 수행 상황에서 심한 두려움을 느끼는 정신 질환을 말한다. 우리가 흔히 아는 대인공포증, 대인기피증,

무대 공포증, 발표 공포증이 이에 해당한다. 유덕권 작가는 연기자가 되는 게 꿈이었다. 연극에 도전했지만, 사회 불안증 때문에 끝내 연기자의 꿈을 포기하고 현재는 고등학교 연기과 교사가 되었다. 교사가 된 이후에도 사람들 앞에 나가 발표하거나 아이들을 가르칠 때 문득문득 불안 증세로 인해 고통 속에 살았다고 한다. 그런데 책을 냈다니, 호기심이 발동했다. 책을 주문하고 읽기 시작했다.

유덕권 작가는 평생을 불안과 치열하게 싸웠다. 어쩌면 유덕권 작가에게는 끔찍한 도전들이 매일매일 찾아왔을지도 모른다. 하지만 자신의 내면을 들여다보고 왜 불안 증세가 발현되는지 공부하고 알아 갔다. 그리고 치열하게 싸운 끝에 조금씩 어두운 터널을 탈출했다. 저 멀리서 터널의 빛이 보이기 시작한 것이다. 조금씩 사람들 앞에 나서는 연습을 해나갔다. 마침내 유덕권 작가는 자신처럼 불안 증세로 평생을 고통받는 사람들에게 위로와 해답을 주고 싶었다. 정답은 없지만, 그 방법을 찾아가려 노력했다. 만약 매일같이 찾아오는 불안 증세에 주저앉아 버렸다면 타인을 위한 책을 쓰지 못했을 것이다. 그는 고통스럽지만 세상으로 나아가기 위해 온몸으로 견디며 도전했고, 그 결과 우리에게 자유와 세상 밖으로 나올 용기를 주는 책을 선물했다. 책을 읽는 동안 나는 여러 번 눈물을 훔쳤다. 나도 저만큼 치열하게 살 수 있을까? 만약 내가 같은 상황이라면 매일같이 도전할 수 있을까? 다시금 가슴속 깊이, 치열하게 살아야겠다는 나만의 다짐을 새겼다.

부의 사다리를 올라가려면 엄청난 시련과 고통, 수많은 장애물과 부딪혀야 한다. 순탄한 길은 없다. 시련 속에서도 다시 일어설 힘을 가지려면 누구보다 치열하게 싸우며 살아가야 한다. 대충 어떻게 되겠지 하는 마음이라면 시련이 왔을 때 금방 주저앉아 포기하게 될 것이다.

눈을 감아 보자. 세계여행에 도전하기 위해 망망대해를 배 한 척만 가지고 횡단하려 한다. 1년이 걸리는 긴 여정이지만 인생에 한 번쯤 큰 성취감을 얻고 싶어 도전했다. 만반의 준비를 하고 세계를 일주하는 계획도 완벽히 세웠다. 여행은 성공적일 것 같았다. 하지만 시간이 흐르고 태풍이 치고 비바람이 몰아치면서 잠을 자지 못하는 날도 셀 수 없이 많다. 배에 문제가 생길까 봐 밤새워 지켜야 하기 때문이다. 배는 이미 먼바다로 나와 주위에 도와줄 만한 배 한 척 없다. 혼자 스스로 이겨 내야 한다. 한 달이 지나고 두 달이 지나면서 이제는 점점 이러한 상황에 익숙해진다. 치열하게 자연과 맞서면서 면역이 생긴 것이다. 힘든 시간이 지나자, 바람이 내 편이 되어 주었다. 저쪽에서 불어오는 기분 좋은 바람이 배를 밀어 속도를 높이고, 자신감도 함께 붙었다. 주위를 둘러보며 풍경을 감상할 여유까지 생겼다. 그러면서 내 삶을 스스로 되돌아보게 되었고, 치열함 속에서 나를 알아가는 여정이 시작되었다.

치열하게 산다는 건 고된 일이지만, 우리는 의도적으로 비바람이 몰아치는 험난한 길을 택해야 한다. 빨리 가는 길을 택한다면 당장은 편할 수 있다. 하지만 시련이 나에게 찾아오는 순간 삶에 내성이 없어 순식간에 무너질 수 있다. 힘들더라도 한 손에 치열함이란 무기를 들고 계단 하나하나 정성껏 올라갈 때 단단한 나의 부의 사다리가 만들어진다. 빨리 가려 하지 말자. 오히려 돌아가는 길이 될 수 있다.

Step 10.

간절할수록 이루어진다

    100억대 자산가 친구가 생겼다. 대학 졸업 후 한 번도 만나지 못했던 대학 동창 친구다.

    어느 날 13년 만에 대학 동기 모임을 한다는 연락이 왔다. 과대표였던 친구가 총대를 메고 연락이 되는 친구 위주로 모이자고 했다. 취업하고 아이 키우느라 서로 얼굴 한 번 보기 힘들었다. 이제는 다들 조금의 여유가 생긴 모양이다. 오랜만인데도 20대 대학 시절 추억 덕분에 금세 화기애애해졌다. 당시 나는 ETF 책 출간을 준비하고 있었다. 친구들에게 책을 쓰는 시작 단계에서 긍정적인 확언을 했다. 한 친구가 말했다.

"그럼 내년에 만나게 된다면 우리 친구 중에 작가가 한 명 탄생하는 건가? 꼭 책 출간하길 바란다." 이야기 도중 한 친구가 ETF 투자에 관심이 있다며 응원해 주었다. 나는 장난삼아 그 친구를 '사장님'이라고 불렀지만, 사실 그 친구의 재력 수준은 잘 몰랐다.

100억대 자산가 친구의 간절함

두 달 뒤 그 친구에게서 연락이 왔다. 당시 나는 블로그를 운영하고 있었고, 친구들에게 주소를 알려 준 상태였다. 친구가 떨리는 목소리로 말했다. "미안한데, 너 블로그 잘 보고 있어. 두 달 동안 매일 봤는데, 증시 방향이나 투자 철학이 좋더라. 혹시 조금 배울 수 있을까?" 나는 웃으며 대답했다. "그럼, 시간 날 때 찾아와." 그날, 친구는 인천에서 성남까지 나를 만나러 직접 찾아왔다. 나는 그의 빠른 실행력에 또 한 번 놀랐다.

친구와 대화를 나누는 동안 그는 단 한순간도 거만하거나 오만한 태도를 전혀 보이지 않았다. 오늘 여기 온 것은 단순한 호기심이 아니라, 진심으로 배우고자 하는 의지였다. 주변에는 투자에 대해 묻기만 하고 행동으로 옮기지 않는 사람들이 많았지만, 이 친구는 달랐다. '과연 내가 배울 수 있을까' 망설일 수도 있다. 하지만 정말 간절히 배우고 싶다면, 지금 당장 실행으로 옮겨야 한다. 만나고 싶은 사람이 있다면 즉시 만나고, 배우고 싶다면 뒤로 미루지 말고 바로 실천해야 한다.

그는 100억대 자산가임에도 배우고자 하는 열정이 대단했다. 투자 관련 이야기를 나누며 나에게 "정말 좋은 조언을 들었다"라고 말했는데, 아마 그럴 것이다. 100억대 자산가에게는 몇 퍼센트의 수익도 억 단위로 발생하니까 말이다. 투자도 안전하게 한다. 자산이 많을수록 큰 수익률보다는 안정적인 구조 속에서 적당한 수익을 내는 방식을 선호한다.

친구와 대화하면서 나는 한 가지 공통점을 발견했다. 바로 '간절함'이다. 이것은 내가 수많은 실패 속에서 느껴 온 감정이기도 하다. 나는 간절함을 삶이 준 가장 큰 축복이라고 생각한다. 시련과 함께 인간에게 주어진 최고의 선물이다. 듣기에는 이상하게 들릴 수도 있겠다. 나 역시 그런 시기를 거쳐 왔다. 나는 인생의 밑바닥을 대차게 찍어 보기도 했다. 하지만 그 바닥이 오히려 인생의 전환점이 되었다. 인간은 좌절을 통해 강해진다. 가장 크게 변화하는 순간은, 오히려 인생이 막장까지 내려갔을 때 찾아온다. 뒤에는 절벽이 있고, 사방은 불바다로

막혀 통로조차 보이지 않을 때 비로소 살아남기 위한 진짜 전략이 머릿속을 스친다. 내 삶을 송두리째 바꾸는 스파크는 바로 인생의 바닥에서 탄생한다.

100억대 자산가인 친구는 제약업계에서 일하고 있었다. 직원만 100명인 회사를 이끌며, 연 매출 300억을 기록하고 있었다. 게다가 2년 연속 같은 매출을 달성했다고 했다. 그제야 나는 그가 내가 상상한 것 이상의 부자임을 실감했다. 하지만 친구의 겸손한 태도와 배우려는 자세를 보며 100억대 자산가라고는 미처 생각하지 못했다. 자신의 부의 그릇을 정확히 아는 듯 보였다. 친구의 이야기를 들어 보면 처음부터 사업체를 만들어 키워야겠다는 생각은 계획에 없었다고 했다. 회사에서 갑자기 인원 감축을 하는 바람에 급작스레 회사를 그만두게 되었다고 한다. 그때 아이는 겨우 두 살이었다. 회사를 퇴사하고 집으로 걸어오는 길에 펑펑 울었다고 한다. 아이와 아내를 떠올리며 어떻게 살아야 할지 걱정뿐이었다고 한다. 뒤를 돌아보니 낭떠러지였다고 했다.

그는 죽기 아니면 까무러치기로 여태까지 배운 경험을 바탕으로 사업체를 차리기로 결심했다. 다른 방법은 도무지 생각이 나지 않았다. 그리고 다른 걸 알아볼 시간적 여유도 없었다. 아이와 처자식을 당장 먹여 살려야 하기 때문이었다. 눈물을 훔치고 며칠 뒤 법인을 세우고 혼자서 영업을 다니기 시작했다. 그게 인생의 전환점이 될 줄은 그때는 몰랐다고 한다. 간절함은 어쩌면 내가 선택할 수 있는 것이 아닐지도 모른다. 필연적으로 찾아오는 것일 수도 있다. 내 의지와 상관없이 타인이나 상황에 의해 발생한 간절함이 때로는 나를 앞으로 밀어 주는 강력한 힘이 된다.

막다른 길에서 또 다른 길이 열린다

주위를 돌아보면, 학창 시절 공부를 잘했던 친구들이 꼭 부자가 된 것은 아니다. 오히려 자신이 좋아하는 일을 선택하거나, 우연히 회사를 떠나 창업을 한 친구들이 부의 길에 들어선 경우가 더 많다. 내 주변을 봐도, 회사원이면서 부자인 친구는 거의 찾아보기 어렵다. 대부분 직장인은 회사에 대해 불평하면서도 어쩔 수 없이 충성하며 살아간다. 이것이 직장인의 현실이다. 회사원이 되면 매달 안정적인 월급이 들어온다. 거기에 안주하는 순간 간절함은 서서히 사라진다. 절박함 없이 살아가는 삶은 평범함에 안착할 수밖에 없다. 부자가 되기 위해 반드시 간절함이 필요하지는 않다. 그러나 인생을 움직이는 힘, 성공을 만든 에너지는 바로 '간절함'이라는 불씨에서 비롯된다. 그것이 없는 삶은 평범함을 넘어선 성장을 꿈꿀 수 없다. 지금 치열하게 보낸 시간이 5년 혹은 10년 뒤에 어떤 결과를 가져올지는 알 수 없다. 하지만 부의 길로 들어서면 알게 된다. "아 그 당시 처절하게 망해 봤던 경험이 나를 강하게 만들었구나." "그때 실패하지 않았으면 지금과 같은 색다른 시도를 해 보지 않았겠구나." 우리는 회사에 다니면서 한 곳만 바라보도록 길든다. 목표는 단 하나, 임원 승진이라는 단일 목표이고, 보상은 진급이라는 당근으로 주어진다. 옆을 바라보거나 다른 길을 탐색하는 것은 금기처럼 느껴진다. 하지만 조금만 시선을 돌리면 세상에는 무수히 많은 직업과 부로 향하는 다양한 길이 존재한다.

　나는 주식 투자를 하면서 크게 한 번 망했다. 그전까지는 승승장구했다. 수많은 하락장에서도 미리 시장의 흐름을 읽어 수익을 만들어 냈다. 하지만 '오만'이라는 친구가 찾아오면서 나는 인생의 바닥을 치고, 또 한 번 완전히 달라졌다. 내가 책을 쓸 수 있었던 이유도, 크게 실패하고 누구보다 간절했기 때문이다. 그 간절함이 작가라는 새로운 삶으로 나를 이끌었다.

만약 그때 크게 성공했다면, 글을 쓰는 작가라는 삶은 결코 내 것이 되지 않았을 것이다. 그리고 지금처럼 창의적인 일, 남을 도와주는 삶을 살아갈 수 없었을 것이다.

    삶을 앞으로 나아가게 하는 가장 좋은 재료는 간절함이다. 완벽히 바닥을 치고 나면 오히려 올라갈 힘이 생긴다. '데드캣 바운스'라는 주식 용어가 있다. 증시가 큰 폭으로 하락해서 계속 더 떨어질 것 같지만 바닥까지 간 증시는 깊은 하락에 대한 응축된 반발력으로 고양이가 높은 곳에서 바닥으로 떨어져 크게 튀어 오르는 것처럼 주가도 바닥에서 상승하는 모습이 나온다. 인생도 마찬가지다. 바닥을 경험해야 진짜 나를 만날 수 있다. 바닥을 치고 나면 더 이상 잃을 것이 없고, 오히려 뒤가 없다는 사실이 자신감을 준다. 지금 겪는 고통도 결국 시간이 지나면 '축복'으로 평가될 것이다. 그러니 두려워 말고, 뭐든 시도하고 도전해 보라.

2부

계획

부는 결코 우연히 찾아오지 않는다

노력 없이 찾아온 부는 오래가지 않고, 준비 없는 기회는 허상에 불과하다. 진짜 부는 철저한 계획에서 비롯된다. 계획은 단순한 일정표가 아니라 나의 미래를 설계하는 청사진이다.

Step 1.

부를 이룬 3퍼센트가 한 일

　예일대학교에서 진행된 한 연구가 있다. 졸업생 가운데 목표를 종이에 적어 둔 학생들과 그렇지 않은 학생들을 비교해, 시간이 흐른 뒤 목표 달성 정도와 성취 수준을 살펴본 것이다. 결과는 충격적이었다. 목표를 명확히 세운 학생들과 그렇지 않은 학생들 사이에는 시간이 지날수록 뚜렷한 격차가 벌어졌고, 특히 부의 차이가 극명하게 드러났다. 졸업생 중에 명확한 목표를 설정하고, 목표 달성 기간과 행동계획, 목표 달성 이유와 같은 구체적인 사항을 종이에 적은 졸업생은 불과 3퍼센트에 그쳤으며, 나머지 97퍼센트의 졸업생들은 목표를 설정하지 않았거나, 종이에 적지 않았다. 20년 후 목표를 정확히 설정하고 종이에 적은 3퍼센트 졸업생들의 부가 나머지 졸업생들의 부를 모두 합친 것보다 많았다고 한다.

그 이유는 분명하다. 정확한 목표는 실행의 동기를 만들어 낸다. 목표가 있어야 방법을 찾고, 그 방법을 실행하며 결국 목표에 도달할 수 있다. 반대로 목표 없이 "어떻게든 되겠지"라는 태도로 살아간다면, 자신의 의지가 아닌 타인의 의지에 운명을 맡기게 된다. 작은 차이가 결국 큰 차이를 만든다고 하지 않는가. 성공과 부를 가른 가장 중요한 출발점은 바로 목표 설정이었다.

지금이라도 목표를 명확히 하고 꾸준히 실천해 간다면 3퍼센트의 삶을 살아갈 수 있다. 이 글을 읽고 있으면서도 구체적 목표를 세우지 않는다면 영원히 쳇바퀴 도는 인생에서 벗어나기 힘들지도 모른다.

계획이 있는 자와 없는 자의 차이

나는 호기심이 많아 대학생들을 만나면 꼭 물어보는 질문이 있다. "졸업 후에 어떤 계획이 있나요?"

대부분 대학생은 구체적인 계획이 없다. 내가 직접 관찰한 결과는, 예일대학교 조사에서 밝혀진 사실과 놀랍도록 일치한다. 실제로 97퍼센트 이상의 학생은 "대기업이나 공기업에 취업하겠다"라고 대답한다. 반면 단 3퍼센트 정도만이 창업을 준비하거나, 자신이 품은 꿈을 이루기 위해 치밀한 계획을 세우고 있었다. 그리고 더 놀라운 점은, 그 3퍼센트의 학생들이 공통으로 보인 눈빛이었다. 그들의 눈에서는 확신과 총명함이 번뜩였고, 목표가 사람을 얼마나 달라 보이게 만드는지를 나는 직접 확인할 수 있었다. 자신의 계획을 설명하는 동안 자신감에 차서 즐기듯 이야기하는 걸 관찰할 수 있었다. 결국 구체적 계획이 없는 97퍼센트는 사회가 시키는 대로 끌려다닐 수밖에 없고 나머지 3퍼센트는 자신이 원하는 삶을 살아갈 가능성이 크다.

어느 날 친구와 미래에 대해 대화를 나눈 적이 있다. 그는 나에게 이렇게 말했다.

"나 10년 뒤에 부자가 되려고 해."

"그래? 그럼 구체적인 목표는 있어?"

"아니, 구체적인 목표는 없는데… 그냥 될 것 같아. 내 안에 뜨거운 게 있거든."

나는 그 순간 한 가지를 깨달았다. 막연한 바람은 단지 상상일 뿐이고, 계획 없는 열정은 몽상에 불과하다는 사실이다. 만약 누군가가 지금 나에게 "어떻게 부자가 되려고 하느냐?"라고 묻는다면, 나는 감정이 아니라 구체적 계획을 말할 것이다. 지금 어느 정도 진행되고 있는지, 앞으로 무엇을 해야 하는지, 몇 퍼센트나 목표에 다가섰는지까지 숫자로 설명할 수 있어야 진짜 계획이라고 할 수 있다. 내 목표는 지금 약 80퍼센트 달성 단계에 와 있다. 나는 주식 투자와 배당금 투자에 대한 글을 써서 책으로 출간할 것이다. 그 책을 기반으로 개인 브랜딩을 구축하고, 더 나아가 강연 활동도 할 계획이다. 그리고 최종적으로는 '작은 성취 연구소'를 세워 사람들과 함께 호흡하며 성장하고 싶다. 이처럼 명확한 목표가 있으면, 내가 지금 어디쯤 와 있는지, 앞으로 무엇을 해야 할지가 분명하게 보인다. 반대로 목표가 없는 사람에게 물어보면 대답은 늘 두리뭉실하다. "열심히 해 볼 거야" 혹은 "언젠가는 잘 되겠지" 같은 말뿐이다.

우리는 1부에서 부의 길로 들어서기 위해 머릿속 마인드를 송두리째 바꾸는 작업을 했다. 마인드를 바꾸지 않으면 계획을 세워도 성과가 나지 않기 때문이다. 계획을 세우기 전에 우리 내면에 잠자고 있는 부정적인 에너지, 자신에 대한 의심부터 지워야 한다. 성공적인 발걸음을 내디뎠다면 이제는 구체적인 계획을 세워야 한다. 앞서 말했듯, 부로 가는 길은 절대 평탄하지 않다. 그래서 더욱 계획이 필요하다. 부는 한두 가지 변화로 쉽게 얻어지는 것이 아니다.

당신은 왜 아직 부의 길을 찾지 못하고 헤매고 있을까? 이유는 단순하다. 지금까지 해 오던 방식을 그대로 반복하고 있기 때문이다. 부의 길로 들어서려면 반대로 해야 한다. 귀찮은 일, 힘든 일, 하기 싫은 일, 한 번도 해 보지 않았던 일들 속에 답이 있다. 바로 그 낯선 도전과 마주침 속에서 당신만의 부의 그릇이 만들어진다. 이 책을 통해 지금까지 마인드를 강하게 전환하고 목표를 세웠다면, 이미 당신은 상위 3퍼센트의 부의 길 초입에 서 있다. 그리고 이어질 행동 편에서 지금의 다짐을 행동으로 연결한다면, 분명 인생이 바뀌는 경험을 하게 될 것이다. 이제 남은 것은 단 하나다. 97퍼센트의 다수가 하지 않는 3퍼센트만의 구체적인 계획을 세우는 것. 그 계획이 당신을 진짜 부의 길로 이끌 것이다.

THINK & ACTION

나의 목표와 계획은?

1. 지금까지 일상에서 어떤 방식으로 시간을 보내 왔는가? 반복적인 안전한 선택이 많았는지, 아니면 새로운 도전을 시도했는지 적어 보자.

_____
_____
_____

2. 귀찮거나 힘든 일, 안 해 본 일을 회피하는 습관이 있는가? 있다면 구체적으로 어떤 상황이었는지 적어 보자.

_____
_____
_____

3. 지금까지 목표를 달성하기 위해 어떤 계획을 세웠는가?

_____
_____
_____

4. 당신이 현재 세운 목표는 구체적인가? 숫자, 기간, 단계가 명확하게 정해져 있는가?

_____
_____
_____

Step 2.

작은 계획이면 충분하다

만약 신이 존재한다면, 과연 처음부터 명확한 계획을 세우고 세상을 창조했을까? 아니면 창조해 나가는 과정에서 계획을 수정하고 보완하며 완성했을까? 내 상상력을 대입해 보자면, 신조차 처음부터 완벽한 설계도를 가지고 시작하지는 않았을 것 같다. 아마도 전체적인 방향만 정해 두고, 실행 과정에서 발생하는 변수들을 조정하며 최종 계획을 완성했을지도 모른다.

우주 역시 처음에는 작은 점에서 시작했다고 한다. 빅뱅 이론에 따르면, 약 137억 9,000만 년 전 모든 에너지가 한 점에 모여 대폭발을 일으켰고, 이로써 우주가 형성되었다. 이후 우주는 팽창을 계속하며 점점 커졌고, 그 과정에서 생명체가 존재하는 지구가 탄생했다. 어쩌면 신의 계획도 이 작은 에너지의 시작점에서 출발했을 것이다. 작은 계획 속에서 지구라는 행성이 만들어지고, 우주는 점점 확장하며 진화해 갔을지도 모른다.

우리는 흔히 구체적이고 완벽한 계획이 있어야만 도전할 수 있다고 생각한다. 하지만 처음부터 완벽한 계획을 세우고 실행하는 것은 쉽지 않다. 계획은 실행 과정에서 점차 구체화된다. 행동하면서 자신감이 쌓이고, 실패를 경험하면서 배움이 더해지고 계획에 점점 살이 붙는다. 그렇게 시간이 흐를수록 계획은 더욱 명확하고 선명해지고, 동시에 행동에도 자신감이 자연스럽게 더해진다.

집을 짓기 위해서는 건축 설계도가 필요하다. 건축 설계도를 그릴 때 한 번에 모든 걸 구상해 내는 사람은 없다. 고쳤다, 지웠다, 더했다, 뺐다, 없앴다, 늘렸다 하면서 조금씩 보완하며 최종 완성된 건축 설계도가 나온다. 여기서 끝이 아니다. 건축 설계도가 현장에 전달되고 집을 짓기 위해서는 단계가 있다. 우선 밑바닥 작업을 하고 기둥을 세우는 뼈대 작업이 필요하다. 탄탄하게 뼈대가 완성돼야 다음 단계의 건축 작업이 들어갈 수 있다. 수많은 작업이 하나하나 완성되었을 때 기나긴 여정 속에서 우리가 편안히 쉴 수 있는 집이 만들어진다. 처음부터 완벽한 설계도는 이 세상에 존재하지 않는다. 처음 내 삶의 설계도는 머릿속 생각의 한 획을 구체화했을 때 시작된다.

책을 쓸 때도 목차부터 작성한다. 목차는 책 한 권을 만들어 내는 뼈대가 된다. 목차의 방향이 불분명하거나 목차 없이 글을 쓴다면 책의 내용은 산으로 갈 가능성이 크다. 처음 목차를 만들고 이를 토대로 첫 챕터를 써 내려가는 건 힘들다. 썼다, 지웠다, 망설이다 수많은 착오 끝에 글을 완성해 간다. 그렇게 처음 시작된 목차라는 계획이 앞으로 책을 쓸 힘이 된다.

완벽한 계획을 세우려 하다가는 시작조차 못 한다

시작이 중요하다. 평생을 계획과 먼 삶을 살아왔는데 단번에 멋지고 그럴듯한 계획은 나오지 않는다. 지금 하는 작은 계획을 조금만 구체화하고 확장해 나가는 시도를 해 보자. 그리고 자랑스럽게 나의 첫 계획을 써 내려가 보자. 보잘것없을지도 모른다. 빈약할지도 모른다. 남들의 시선, 그리고 내 안에 부정적인 생각에서 벗어나야 쓸 수 있다.

주문을 외워 보자.

"돈이 드는 일도 아닌데, 무조건 시작한다."

다시 한번 외쳐 보자.

"돈이 드는 일도 아닌데, 무조건 시작한다."

이것은 돈이 들지 않는 일이다. 계획을 세운다고 해서 옆에서 누가 잡아먹는 것도 아니다. 그러니 망설이지 말고, 바로 시작하라. 작은 시작이 큰 성공을 만든다. 내 생각을 바꿔야 한다. 단번에 성공한 나를 상상하지 말자. 현재 한 단계씩 탄탄하게 나아간다고 생각하자. 나는 대나무다. 대나무가 뿌리를 내리고 한 마디가 크는 데까지 5년의 세월이 걸린다. 하지만 뿌리에서 대나무 한 마디가 솟아난 다음부터는 고속도로가 펼쳐진다. 수직으로 순식간에 10미터 이상 자란다.

예를 들어 보자. 경제적 자유를 목표로 했다. 하지만 현재 잘할 수 있는 게 떠오르지 않는다. 계속된 고민 끝에 배당금 투자로 안전하게 경제적 자유를 목표로 하는 사람들이 있다는 이야기를 들어 본 적이 있다. 그리고 블로그에 들어가 배당금 투자에 대해 알아본다. 그렇게 어렵지 않은 투자 방법이면서 안전하게 느껴진다. 이제 결정했다. 배당금 투자로 부의 그릇을 찾아가 보자. 그럼 무얼 해야 할까? 작은 계획을 세워 봐야 한다. 우선 내 수중에 있는 자금을 객관화한다. 1억이 있지만 한 번에 큰 목돈을 투자할 수는 없다. 우선 100만 원을 투자하는 계획을 세운다. 작은 계획을 세웠다면 다음은 공부해야 한다. 배당금을 주는 종목을 공부해 보고 관련 서적을 섭렵해 나간다. 안전하면서 나에게 딱 맞는 종목을 찾았다. 배당금은 5퍼센트 수준이며 자산 가치는 꾸준히 우상향하는 고배당 성장 ETF이다. 100만 원을 먼저 투자해 본다. 연간으로 따지면 5만 원의 수익이 발생한다. 사소하게 느껴질지 모르지만 평생 배당금을 받아 본 적 없는 만큼 신선하게 와닿는다. "진짜 이게 되네." 작은 성취와 작은 확신이 필요하다. 이제부터 1억을 투자하기로 마음먹는다. 더 나아가 월 500만 원의 자동수입이 발생하려면 10억이 필요하다. 그럼 생각해 보자. 내가 시간적 자유를 얻을 수 있는 부의 그릇은 월 500만 원이다. 현재 6억 원짜리 아파트를 보유하고 있고 빚은 없다. 그럼 현재 7억이라는 내 순자산이 남아 있다. 나머지 3억을 만들어 내기 위한 또 다른 계획이 있어야 한다. 육체 노동으로 5년 안에 나머지 3억을 만들 수도 있고, 주식 투자나 콘텐츠를 만들며 소득을 창출하기 위한 노력을 할 수도 있다. 처음에는 100만 원이라는 작은 계획에서 시작했지만, 자신감이 생기면서 조금 더 계획은 구체화된다. 완벽하지 않더라도 시간에서 자유를 얻고 사회에 끌려다니지 않겠다는 마음으로 10억을 만들어 내기 위해 노력할 것이다.

계획은 진화를 거듭한다. 더 빨리 도달하기 위해 돈이 들지 않는 다른 일도 도전해 보자. 글을 쓰고 책을 내겠다는 마음도 먹어 본다. 블로그를 시작하고 인플루언서가 되어 보자. 인플루언서가 되면 네이버 카페를 통해 수익을 창출할 수 있다. 아직 시도하지 않은 유튜브도 고려해 보자. 혹은 레버리지를 활용해 투자로 수익을 만들어 보는 방법도 있다. 구체적 목표가 생기면 일차적 계획에서 가지를 뻗듯 여러 가지 방법을 생각해 볼 수 있다. 그리고 그곳에서 내가 생각지도 못한 부가 찾아올 수 있다. 잘 따라왔는가? 처음엔 100만 원의 계획이었다. 하지만 작은 계획이 가지를 치며 내가 평소에 하지 않았던 계획까지 세우게 된다. 그리고 계획을 행동으로 옮겼을 때 생각지도 않은 부를 마주하며 돈의 흐름이 급격히 바뀔 수도 있다. 나중에 가면 모든 게 연결된다. 연결이 연결을 만들고 돈은 복리가 붙어 걷잡을 수 없이 늘어난다. 작은 목표를 설정하는 것이 얼마나 중요한지 감이 오는가? 이렇게 구체적으로 말할 수 있는 것은 지금 내가 직접 이 방식을 실천하고 있기 때문이다. 완벽한 모습을 머릿속에 그리며 시작하려고 하지 마라. 작은 목표부터 세워라. 우리의 계획도 신의 계획처럼 완벽하지 않은 작은 점에서 시작된다.

작은 계획은 진화를 거듭해 엄청난 결과를 가져온다

1974년, 대학을 중퇴하고 컴퓨터 게임 회사인 아타리사에 근무하던 스티브 잡스와 대형 컴퓨터 업체인 휴렛패커드(HP)의 직원이었던 스티브 워즈니악은 컴퓨터 제작 동호회에서 만나 의견을 나누며 직접 컴퓨터를 만들어 돈을 벌겠다는 계획을 세운다. 이들이 만든 첫 번째 컴퓨터 모델은 1976년 3월에 완성되었다. 이 컴퓨터의 시험모델을 자신이 일하던 HP의 간부들에게 보여 주고 이를 제조해 판매할 것을 제의했으나 거절당했다. 이러한 이유로 잡스와 워즈니악은 자신들이 직접 부품을 모아 창고에서 제조해서 판매할 수밖에 없었다. 판매망을 이리저리 수소문하던 잡스는 캘리포니아 마운틴뷰에서 컴퓨터 판매 가게를 운영하던 폴 테릴에게 보여 주었다. 새로운 컴퓨터에 흥미를 느낀 테럴은 30일 안에 50대를 납품해 달라고 요청한다. 자금이 부족했던 잡스와 워즈니악은 자신들이 소유했던 차량과 전자계산기 등을 급히 팔아서 컴퓨터를 생산할 자금을 마련하고자 했으나, 충분한 부품을 확보하기에는 부족했다. 잡스는 아타리 기술자인 론 웨인에게 주식 10퍼센트를 제안하며 자금을 투자하고 기술 고문으로 참여하게 했다. 이렇게 잡스, 워즈니악, 웨인은 본격적인 생산을 시작했고, 1976년 4월 1일 회사 '애플'을 설립했다. 첫 컴퓨터 이름은 애플 I이었다. 이처럼 작은 계획에서 출발한 일이 결국 세계적 기업 애플로 성장하게 된 것이다.

우리의 계획도 마찬가지다. 지금의 작은 계획이 훗날 내 삶에 어떠한 영향을 미칠지 모른다. 계획을 수립했다면 미래는 생각하지 말자. 하루하루 집중해 보자. 지금의 계획에 오롯이 내 에너지를 쏟아 보자. 에너지가 집중되고 계획이 조금씩 선명해질 때 다음 계획은 내 미래가 다가와 보여 준다. 최선을 다하고 끊임없이 도전할 때 계획은 성장하고 진화한다.

나는 현재 마흔이다. 2025년 회사에서 차장으로 진급했다. 아직 시간적 자유를 얻지 못해 주말밖에 시간이 없다. 영업 일을 하다 보니 평일에는 직장생활에 모든 시간을 소비한다. 그러니 주말에는 집에서 쉬어야 한다고 생각했다. 하지만 부자가 되고 경제적 자유를 얻어 시간에서 자유로워지겠다는 목표를 세운 후, 주말 시간을 아이와 함께 키즈카페에서 보내며 성장의 시간으로 바꾸기로 결심했다. 그곳에서 경제 공부를 하다가 번쩍이는 아이디어가 떠올랐고, 사장님께 펜과 종이를 받아 목표를 적기 시작했다. 그렇게 100억이라는 목표와 구체적인 22년짜리 계획이 탄생했다. 빠르게 달성할 수 있는 목표가 아니다.

처음에 100억을 목표로 했다. 그럼 100억을 어떻게 만들 것이냐의 계획이 필요했다. 1.5억으로 연 20퍼센트 복리 수익률을 달성하면 24년 뒤에 109억이라는 금액이 나왔다. 이때의 시작이 나를 여기까지 끌고 왔다. 투자 자금을 2억 원으로 조정하면서 목표 시기가 조금 더 앞당겨졌다. 현재 투자는 계획대로 순항하고 있다. 목표와 구체적 계획은 첫 책《ETF 사용설명서》에 모두 공유해 놓았다. 간략하게 설명하면 주식시장은 상승장과 하락장이 반복된다. 이 주기를 읽어 낸다면 하락장 바닥에서 지수 ETF에 투자해서 연 20퍼센트 이상 수익을 만들어 내고, 주식시장 상승 꼭대기에서는 달러나 엔화에 투자해 10~20퍼센트 수익을 목표로 한다. 물론 계획대로 되지는 않겠지만 계획에 가깝게 진행될 거라는 자신감이 있다. 현재 나는 안정성을 추구하며 구간별 수익을 내는 투자 구조를 현실로 실행하고 있다. 목표를 적는 순간 행동과 계획이 생겼고, "이걸로 100억을 만들 수 있을까?"라는 질문은 책 출간과 블로그 개설로 이어졌다. 지금 나는 작가가 되었고 현금 파이프라인도 늘어나고 있다. 처음엔 아마추어 같은 계획이었지만 실행을 통해 모든 것이 연결되어 있음을 깨달았고, 닫혀 있던 부의 문이 서서히 열리기 시작했다.

그 시작은 작은 목표에서 비롯된 것이다. 시작해야 문이 열리고, 그때 비로소 나를 믿고 도전할 수 있다. 과거 성공한 유튜버들이 사람들에게 부에 도전하라고 조언했지만, 그때 나는 의심했다. "정말 내가 할 수 있을까? 그건 당신들이 이미 도달했기에 할 수 있는 말 아니야?" 하지만 지금은 분명히 말할 수 있다. 당신도 할 수 있다. 평범한 회사원인 나도 해나가고 있으니까.

Step 3.

계획을 확장하라

    작은 계획은 행동과 수많은 실패를 거치며 점점 진화한다. 그렇게 앞으로 더 완성도 높은 훌륭한 계획으로 발전할 것임을 우리는 알 수 있다. 그러면 이제부터는 시뮬레이션해 봤던 계획을 확장해 나가는 연습이 필요하다. 계획에도 단계가 있는 것처럼 희미한 계획 → 작은 계획 → 성장 계획 → 확장된 계획으로 진화를 거듭한다. 진화를 거듭하고 있다면 아마도 당신은 부의 길목으로 들어설 확률이 높고 자신만의 부의 그릇을 찾아 나가고 있을 가능성이 크다. 무엇보다 배운 것을 삶에 적용해야 변화는 이루어진다. 이제부터 계획을 확장하는

■ 계획 4분법

단기 계획	중기 계획
최종 목표의 20% 설정	최종 목표의 50% 설정
장기 계획	확장 계획
최종 목표의 100% 설정	기존 계획에서 확장한 계획 설정

연습을 해 보려 한다. 지금의 계획은 끝이 아니라 시작이다.

나는 계획을 4분법으로 나눠 구체화한다. 처음 계획을 세울 때는 높은 목표를 세우는 것이 좋다. 하지만 단점도 존재한다. 높은 목표를 설정한다면 도달하기 전까지 지칠 수 있고 현재 목표를 잘 실행해 나가고 있는데도 높은 목표를 바라보며 만족하지 못하고 조급해질 수 있다. 조급해진다면 현재 계획이 아무리 훌륭해도 더 빠르게 돈을 벌기 위해 편법을 쓸 수 있다. 빠르게 부를 얻고 싶은 욕심은 지금까지 차곡차곡 쌓아온 나만의 튼튼한 기반을 무너뜨릴 수 있다. 처음 목표는 높게 설정하되, 계획을 4분법으로 나누어 단계별로 집중할 필요가 있다. 처음부터 부자가 된 모습을 꿈꾸면 시도할 기회조차 제한된다. 운에 의해 일시적으로 부가 들어올 수도 있지만, 그것은 쉽게 사라질 수 있다.

우리는 처음부터 장기 계획을 목표로 해야 한다. 장기 목표를 세우다 조금 더 빠르게 도달한다면 감사한 마음으로 살아가면 되고 천천히 목표에 도달한다고 해도 부자가 되는 과정으로 생각하고 행복하게 살아갈 수 있다. 현재 필요한 돈만 사용하고, 나머지는 탄탄하게 불어나도록 둬라. 시간이 지날수록 복리 수익처럼 자산이 점점 가속해서 불어나지만, 그 순간까지 인내해야 한다. 자산이 천천히 증식하더라도, 과정 속에서 내면과 철학이 단단해지는 자신을 사랑해야 한다. 그래야 과정 자체가 훌륭한 부를 만드는 길이 된다.

사람마다 투자 방법과 부에 도달하는 길은 다르다. 내가 추구하는 '계획 4분법'을 통해 각자가 자신의 방식에 맞게 응용하기를 바란다. 이때 최종 목표는 높게 설정하는 것이 좋다. 목표가 높아야 우리의 뇌가 다양한 방법을 찾고, 목표 달성을 위해 적극적으로 움직이기 때문이다.

단기 계획

나의 최종 계획은 100억이다. 목표는 높게 잡는다. 그리고 계획 4분법으로 계획을 세분화한다. 계획 1분법에는 내 목표의 20퍼센트가량을 단기 목표로 잡는다. 금액이 될 수도 있고 시간이 될 수도 있다. 단기 목표를 이루기 위해 노력할 때 과정도 훌륭하고 조금씩 성장해 나가는 자신을 사랑하게 된다. 왜 단기 목표에 집중해야 할까? 높게 설정된 장기 목표만 생각하다 보면 미래가 불안해지기 때문이다. '될까, 정말 실현될까?' 이러한 부정적 감정이 몰려올 수밖에 없다. 내 뇌는 목표를 높게 설정하고 현재 살아가기 때문에, 때로는 불필요한 질문을 던지고 답을 찾느라 행동이 늦어질 수 있다. 하지만 단기 목표를 20퍼센트로 설정하면, 당장 도전할 힘이 생긴다. 처음 20퍼센트를 100퍼센트로 여기고 도전해 성취한다면, 그 20퍼센트도 충분히 가치 있는 성과가 된다.

중기 계획

단기 계획 20퍼센트 지점에 도달했다면 이제는 중기 계획을 세워 보자. 단기 목표를 수행했다면 바로 장기 목표를 머리에 그리는 것이 아니라 다시 처음부터 시작한다는 마음가짐으로 접근하면 좋다. 20퍼센트에서 50퍼센트로 단순히 올리는 것이 아니라, 지금 해 오던 루틴을 초기화하고 20퍼센트에서 다시 시작하겠다는 마인드셋이 중요하다. 우리가 추구하는 것은 매일 꾸준히 루틴을 이어 가는 것이다. 단기 목표에 도달했다고 해서 큰 변화는 일어나지 않는다. 지금 해 오던 것을 계속하면서 문제점을 보완하고 확장하면 된다. 동시에 행복이라는 과정도 놓치지 말아야 한다. 4분법으로 목표를 나누어 계획하고 수행하는 이유가 바로 여기에 있다. 우리의 목표는 매일 조금씩 성장하며 그 과정 속에서 행복을 찾는 것이다.

장기 계획

중기 목표까지 충실히 수행하고 있다면, 잠시 도전을 멈춰도 된다. 이미 내면에 부의 그릇이 꽉 차 있을 가능성이 크기 때문이다. 이때부터 루틴은 자연스럽게 정착되며, 돈이 들어오지 않아도 복리를 통해 자산이 꾸준히 증가할 확률이 높다. 이후 더 나아갈지 멈출지는 스스로 선택하면 된다. 장기 목표는 중기 단계까지의 50퍼센트 과정을 추가로 이어 간다고 생각하면 된다. 중기 계획 이상부터는 오히려 즐긴다는 마음으로 삶을 대한다. 감사하게도 추가로 부가 더 들어온다는 마음으로 말이다. 내가 만약 이 지점에 도달한다면 남에게 베풀면서 살 수도 있고, 나의 경험이나 지식을 가능성이 무한한 젊은 친구들과 공유하기 위해 힘쓸지도 모르겠다. 더는 나에게 꼭 필요하지 않은 부이기 때문이다. 그래도 목표는 필요하므로 장기 목표까지 설정하면서 최종 내 삶의 계획을 세워 보자. 단기간에 끝날 수도 있지만, 우리가 추구하는 목표는 천천히 성장하면서 일정 시간이 지나 복리가 복리를 더해 성장하는 최종 목표다.

확장 계획

마지막 계획 4분법은 최종 목표에 도달했을 때 설정하는 것이 아니다. 단기 목표 단계부터 색다른 경험을 통해 계획을 확장해 나가는 과정이다. 하나의 파이프라인에만 의존하면 불안정할 수밖에 없고, 그것이 끊기면 부와는 자연스레 거리가 멀어진다. 하지만 모든 것이 연결되는 세상에서는 경험과 기회가 서로 맞물리며 가치를 키운다. 주식 투자 경험을 강의나 컨설팅으로 연결하고, 이를 책·블로그·유튜브·인스타그램 등으로 확장하면, 대중이 이를 소비하여 퍼스널 브랜드가 만들어지고 그 결과 다양한 투자 기회가 열린다. 결국 하나의 파이프라인만으로는 성공을 이루기 어렵다. 기업이 다양한 사업에 진출하고 타 기업을 인수해 확장하는 것과 같은 이치다. 따라서 단기 목표를 수행하며, 중기와 장기 계획으로 넘어가면서 계획을 진화시키고 확장해야 한다. 모르는 일도 시도하고, 색다른 경험을 통해 새로운 부의 통로와 파이프라인을 발견할 수 있다. 새로운 길을 찾기 위해서는 책을 읽고, 다양한 멘토를 찾아 배우며, 그 경험을 나만의 철학으로 흡수하는 것이 중요하다. 최종 목표는 나만의 철학을 확립하는 것이다. 지금 세상은 지식으로 넘쳐난다. 배우고자 하는 열정이 있다면, 세상의 지식을 흡수하여 계획을 확장해 나갈 수 있다.

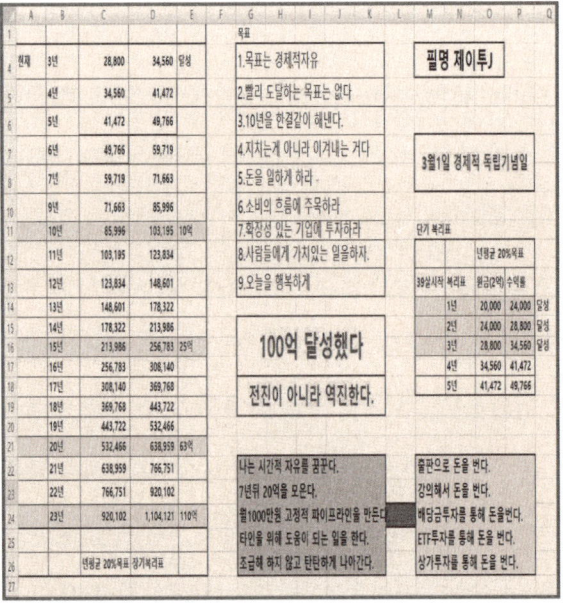

■ 저자가 세운 목표

즉시 행동하기

과거 나는 부자가 되고 싶은 갈망이 누구보다 강했지만, 행동력은 항상 80퍼센트 선에서 머물렀다. 그러나 처절하게 실패를 겪으면서 실행력은 눈에 띄게 성장했다. 실패 후에는 과거에 세우지 않았던 새로운 계획들도 만들기 시작했다. 처음에는 하찮고 보잘것없던 계획이, 빠른 실행력을 만나면서 점점 선명해지고 구체화되었다.

마인드를 바꾸고 계획을 세운 뒤 즉시 행동하면서, 매일 실패했던 80퍼센트 지점을 통과하는 경험을 했다. 하나씩 루틴을 만들어 가며 조금씩 성장하고, 성공하는 과정을 경험했다. 집중할 때 80퍼센트 지점에서 100퍼센트 지점까지 도달하는 경험이 늘어났다. 계획은 확장되고, 좀처럼 열리지 않던 부의 문도 서서히 열리기 시작했다. 현금 유동성과 파이프라인이 늘어나면서 하나가 막혀도 다른 통로에서 수익이 들어온다.

3부

행동

망설이는 순간 사라진다

부는 기다린다고 오지 않는다. 작은 계획과 꾸준한 실행, 그리고 실패 속 배움이 쌓일 때 비로소 부의 문은 열린다. 지금 시작하는 행동이 미래의 부를 만들어 낸다.

Step 1.

인생에는 패자 부활전이 있다

우리는 지금 저마다의 부의 그릇을 찾아가는 여정 한가운데 있다. 이미 행동 단계까지 넘어오기 전에 마인드와 계획 단계에서 자신의 삶에 적용해 나가고 있을 수도 있으며, 책을 통해 영감을 받아 삶에 강력한 불꽃을 일으켜 자신의 부의 그릇을 찾아 실행에 옮겼을 수도 있다. 실행력은 부로 가는 필수 조건이다. 하지만 아직 실행하지 않았다고 실망할 필요는 없다. 단기간 성과가 우리의 목표는 아니다. 하루 1센티미터씩 성장하며 탄탄한 부의 그릇을 만드는 것이 목표다. 계획은 처음부터 완벽할 수 없으며, 작은 점에서 시작해 실행과 경험으로 진화시켜야 한다. 완벽한 계획을 세우려 하면 오히려 행동이 늦춰지고 뒤로 미루게 된다.

우리는 과거 계획을 세우기 전에 망설인 경험이 많다. 완벽한 계획이 세워지면 행동하기로 마음먹었기 때문이다. 하지만 이상하게 구체적 계획은 시간이 가도 선명해지지 않는다. 오히려 자신감이 떨어지고 흐릿해질 뿐이다. 그 이유는 완벽한 계획은 처음부터 존재하지 않기 때문이다. 작은 계획에 살을 덧붙여 가면서 점점 더 구체적인 계획으로 진화한다. 행동보다는 계획이 우선이지만 계획을 세우는 데 너무 많은 시간을 소비한다면 평생 행동으로 연결되지 않고 뒤로 미루는 습관만 자리할 수 있다. 귀중한 시간은 허무하게 흘러가고, 나이를 먹으면서 '왜 나는 부자가 되지 못했는가'에 대해 사회나 남 탓, 자신을 탓하며 허송세월할 가능성이 크다. 처음부터 완벽하고 구체적인 계획을 만들려고 하지 마라. 작은 계획에서 출발해 실행하고 수많은 실패를 겪으면서 목표는 점점 구체화된다. 마인드를 바꾸고 계획을 세워 행동으로 옮기지 않으면, 인지는 무의식 속으로 흘러가 버린다. 이제는 탄탄하게 다져 온 결과물을 즉시 행동으로 옮길 때다. 그 첫걸음은 배운 것을 바로 적용하는 것이다. 나중은 없다.

실패는 끝이 아니라 도약의 출발점이다

스물일곱 살에 주식 투자를 시작하면서 300만 원을 2억 원까지 불렸다. 그것도 1년 만의 성과였다. 당시에는 모든 게 내 실력이라고 여겼지만, 시간이 지나면서 알게 되었다. 초심자의 행운이라는 걸. 당시에는 무슨 자신감인지 막연히 100억을 벌어야겠다는 꿈을 꾸었다. 구체적 계획도 행동도 없었다. 계획은 마흔 살까지 100억을 버는 게 목표였지만 아무것도 이루어지지 않았다. 막연한 자신감으로 망상에 빠져 허송세월을 한 것이다. 이후 모든 도전에서 내가 목표로 삼은 100퍼센트 지점에 도달하기 전에 항상 80퍼센트 지점에서 실패를 경험했다. 왜 이런 일이 반복되는지 당시에는 알지 못했다. "나는 뭘 해도 안 되는 사람인가?", "왜 마지막 지점을 못 넘고 실패하지!", "정말 열심히 사는데 또 실패했네". 이유도 모른 채 자신을 괴롭혔다. 술로 하루를 달랬다. 과거 실패한 경험을 현재로 끌고 와 나를 괴롭히는 것도 모자라 이제는 미래의 두려움까지 끌어다 괴로워했다. 끔찍한 고통이 나를 붙잡아 앞으로 나아가지 못하게 했다.

이것은 비단 나 혼자만의 이야기가 아니라 많은 이들의 공통된 경험일지도 모른다. 그렇다면 80퍼센트 지점에서 어떻게 100퍼센트 목표에 도달할 수 있을까? 사실 그 순간은 샘물이 솟아 나오기 직전일 수 있다. 단지 조금 더 깊이 파고드는 용기와 끈기가 필요할 뿐이다. 바닥이 가까워졌음을 확인하는 유일한 방법은 망설이지 않고 계획을 즉시 실행하는 것이다.

내가 만난 부자들은 하나같이 실행력이 빠르다. 망설이지 않는다. 궁금한 점이 있으면 바로 해결하고, 배운 것은 곧바로 실천한다. 실패를 두려워하지 않는다. 일단 시작해 보고, 설령 실패하더라도 그것은 손실이 아니라 배움이라 여긴다. 두려움이 사라지는 순간 자연스럽게 즉시 실행할 용기가 솟아난다. 우리는 왜 깨닫고 배운 걸 실천하지 못하고 망설일까? 그건 시각의 차이에서 비롯된다.

예를 들어 책을 출간하려면 원고를 집필하고 출판사에 투고하는 과정을 거쳐야 한다. 같은 원고라도 출판사마다 반응은 천차만별이다. 어떤 출판사는 단점으로 보지만, 다른 출판사는 장점으로 본다. 그렇다면 굳이 나의 원고를 단점으로만 보는 출판사에 매달릴 필요가 없다. 오히려 장점을 살려 주고 긍정적으로 디자인해 줄 출판사와 함께하면 된다. 100번을 시도해 1번만 성공해도 부에 이를 수 있다. 즉 99개의 출판사가 부정적으로 원고를 인식해도 1개의 출판사와 도전해 성공하면 된다. 행동 또한 마찬가지다. 우리에게도 언제든 다시 시작할 수 있는 패자 부활전 제도가 필요하다. 실패를 끝인 아닌 새로운 출발점으로 인식해야 한다. 관점을 완전히 바꾸면 즉시 다시 도전할 수 있다. 그러려면 내 안의 부정적 인식을 긍정적으로 전환하는 연습이 필요하다.

실패를 미리 상상하지 말고, 언제나 나에게 패자 부활전은 열려 있다고 믿어야 한다. 스스로를 몰아세우기보다 지금 하고 있는 행동 자체가 이미 잘하고 있다는 증거라고 긍정적으로 인식하는 것이 우선이다.

사회는 흔히 패자 부활전이 없다고, 두 번의 기회는 주어지지 않는다고 말한다. 하지만 부로 가는 길은 결코 하나만 있는 것이 아니다. 치열하게 두들기다 실패하면 다른 길을 찾으면 되고 그 길에서 새로운 기회가 열릴 수도 있다. 실패한 길도 나의 경험 나이테에 차곡차곡 쌓여 언젠가 그 빛을 발휘할 때가 온다.

우선은 나에게 조금은 관대해지자. 그리고 시작하기 전에 외쳐 보자.

"실패해도 좋아. 바로 시작해 보자."

"실패는 성공이라고 했어. 그냥 시작하는 거야."

"돈이 들지 않으면 바로 시작해 보자."

마인드를 완전히 교체하고 작은 계획을 구체적인 계획으로 발전시켰다면, 이제는 즉시 행동으로 옮길 힘이 필요하다. 스스로에게 패자 부활전을 허락해야 실패의 두려움이 사라지고, 다시 시작할 용기가 샘솟는다. 결국 마인드와 계획을 현실로 바꾸는 첫걸음은 즉시 시작하는 용기와 행동이다. 시작해야 인생이 달라진다.

Step 2.

내 삶의 기대치를 설계하라

앞서 '즉시 행동'이 얼마나 중요한지를 이야기했다. 완벽한 시작은 없다. 거창할 필요도 없다. 시작하려면 진입장벽을 낮춰야 한다. 스스로 높인 장벽이 도전을 막고, 지치게 하고, 결국 포기로 몰아넣는다. 이후 벌어질 일을 굳이 말하자면, 자신을 책망하며 채찍질하고 실망한 자신과 마주하는 것이다. 이런 일이 반복되다 보면 자연히 도전을 망설이게 된다. 실패한 잔상이 머릿속을 흐리게 만들기 때문이다. 할까 말까 망설이다 시간만 흘러보낸다.

부자가 되기 위해 극한까지 나를 몰아붙이고 치열하게 살아야 한다고 말하려는 게 아니다. 물론 목표를 크게 세우는 것도 의미 있다. 그러나 부의 그릇에 행복을 담으려면, 그 과정 또한 빛나야 한다. 실패를 실패로 보지 않고 꾸준히 도전하며 행동하는 것, 그것이 진정한 시작이다.

이카로스를 기억하라

핀란드는 2023년 세계 행복도 순위에서 여섯 번째로 연속 1위를 차지했다. 북유럽 국가들이 행복도 순위에서 상위에 오르는 이유로는 소득 평등, 자연과의 밀접한 관계 등이 거론되어 왔다. 그러나 핀란드의 유카 사볼라이넨 교수는 그 핵심을 '좋은 삶에 대한 기대치 절제'에서 찾는다. 삶에 대한 기대가 낮으니 더 큰 행복을 느낀다는 것이다. 반면 조란타 버크 강사는 이에 반박한다. 미래에 대한 높은 기대치가 목표 설정에 필수적이라고 지적한다. 인간은 정신적 대비를 통해 미래에 대한 기대치를 평가하고, 어떤 꿈을 좇을 수 있는지, 또 무엇을 포기해야 하는지를 결정한다.* 예를 들어 건강한 삶을 원

---

* 디지털투데이, 2023년 5월 8일 자.

하지만 현재 체력이 부족하다면, 정신적 대비는 '매일 20분 운동을 시작한다'는 행동 계획으로 이어질 수 있다. 즉, 기대치가 현실적일수록 긍정적인 변화를 이끌 동기 부여가 된다. 어느 쪽도 완전히 틀린 말은 아니다.

그리스 신화에 등장하는 이카로스(Icarus)는 아버지와 함께 크레타섬에 갇히게 된다. 아버지는 탈출을 계획하면서 새의 깃털과 밀랍으로 날개를 만들어 아들과 함께 하늘을 날아 탈출하려고 한다. 이때 이카로스는 새처럼 나는 것이 신기하여 하늘 높이 올라가지 말라는 아버지의 경고를 잊은 채 높이 날아올랐고, 결국 태양열에 날개가 녹아 버려 추락하고 만다. 이카로스의 날개는 욕망이 지나치면 위험에 처해질 수 있다는 교훈을 담고 있다.

나는 이카로스의 날개처럼 기대치를 지나치게 높게 설정하면, 욕망이 통제 불능으로 번지면서 부의 그릇이 깨지고, 오히려 부로 가는 길을 스스로 망칠 수 있다고 믿는다. 실제로 이런 상황을 직접 겪어 봤다. 최종 목표를 100억으로 설정했지만, 기대치를 현재로 끌어와 살아가다 보니 지금의 과정이 훌륭함에도 불구하고 만족하지 못하고 더 높은 곳을 향해 나아가려다 고통 속에 허우적거린 적이 있다. 결국, 기대치가 지나치면 이카로스의 날개처럼 어느 순간 나의 목표가 태양에 닿아 녹아내릴 수 있다. 훌륭한 계획을 성공시키는 데 너무 높은 기대치는 오히려 독이 된다. 반대로 너무 낮은 기대치는 조란타 버크 강사의 말처럼 목표 의식을 흐리게 할 수 있다. 어떻게 해야 나에게 맞는 부의 그릇을 찾고 동시에 그 과정에서도 행복을 느끼며 목표에 도달할 수 있을까?

단기 목표 20퍼센트에 집중하라

앞서 우리는 의지력 100퍼센트 상태로 살아가는 건 오히려 독이 된다고 이야기했다. 그래서 3일은 100퍼센트의 의지력으로 실행하고 3일 이후에는 나의 의지력을 60퍼센트에서 70퍼센트로 의도적으로 낮춰야만 마라톤 선수처럼 긴 레이스를 성공적으로 달릴 수 있다. 기대치 또한 마찬가지다. 너무 높지도 낮지도 않아야 부의 길로 들어설 수 있다. 기대치 또한 60퍼센트에서 70퍼센트 수준을 유지하는 게 바람직하다.

기대치를 낮추는 방법은 간단하다. 현재 목표의 20퍼센트를 단기 목표로 삼아 실행하는 것이다. 예를 들어 최종 목표가 100이라면, 이를 단기(20%)-중기(50%)-장기(100%)-확장(∞

단계로 나눠라. 그리고 하루하루 최선을 다해 단기 목표 20퍼센트에 집중하라.

이렇게 하면 기대치는 자연스럽게 낮아지고, 성취감은 오히려 커진다. 반대로 언제나 100퍼센트만 바라본다면, 이미 20퍼센트를 달성했어도 불행할 수밖에 없다. 사실 그 과정 자체가 이미 충분히 가치 있고 빛나는 성취인데도 말이다.

자신의 목표를 적어 보자. 100이라는 최종 목표가 있다면 4단계로 구분해 단계별 목표를 세분화하라. 20퍼센트를 달성했다면 바로 100퍼센트를 바라보지 말고 다음 50퍼센트를 향해 나아가라. 그 과정에서 자신을 사랑하게 될 것이다. 지금도 충분히 잘하고 있기 때문이다. 하루 1퍼센트의 성과를 오늘의 100퍼센트라고 생각해 보자. 그러면 오늘 나는 목표에서 1퍼센트를 달성한 게 아니라 오늘의 과업을 100퍼센트로 달성한 셈이다. 작은 1퍼센트의 성과로 하루하루가 즐겁다. 그리고 계속해서 도전하고 싶어진다.

주식 투자를 하다 보면 하루에 1만 원씩 꾸준히 버는 것도 큰 즐거움이다. 매일매일 조금씩 버는 것부터가 시작이다. 처음에는 1만 원이지만 성과에 대한 만족과 차곡차곡 쌓이는 자신감 덕분에 더 큰 성공으로 나아가게 된다. 하지만 처음부터 한 번에 1,000만 원을 벌겠다고 기대치를 높게 잡으면 테마주, 급등주에 투자할 수밖에 없다. 하루 변동성이 큰 주식에 손을 대고 단기간에 몇 100퍼센트의 수익률을 꿈꾼다. 안 좋은 습관이 몸에 깊이 뿌리내리면 잠깐의 '초심자의 행운'은 있을지 몰라도 결국 이카로스의 날개처럼 계좌는 녹아내린다. 무엇이든 과하면 독이 된다. 내가 깨달은 부의 법칙은 간단하다. 기대치를 조절하는 것.

우리가 부자가 되고자 하는 건 결국 행복하기 위해서다. 치열한 도전 속에서도 행복의 과정이 있어야 하며, 목표가 아무리 높아도 그 여정 속에서 시간을 소중히 여기고 행복을 찾아야 한다. 젊음을 다 바쳐 부에 도달한다 한들, 그 시절의 시간과 추억은 돌아오지 않는다. 진정 현명한 사람은 열심히 살아가되, 목표를 향한 길 중간중간 행복의 계단을 놓고 그 위를 함께 걸어 올라간다. 쉽지는 않다. 하지만 이 책을 체득해 나간다면, 당신만의 부와 행복의 철학이 반드시 세워질 것이다.

THINK & ACTION

나의 목표를 구체화하기

1. 나의 최종 목표(100%)는 무엇인가?

_____

_____

2. 최종 목표를 20%씩, 총 4단계로 나눠 보자.

단기 목표 (20%) : _____

중기 목표 (50%) : _____

장기 목표 (100%) : _____

최종 목표 (무한대 확장) : _____

3. 내가 오늘 달성한 작은 1%는 무엇인가? 오늘의 작은 1%를 오늘의 100% 성취라고 생각해 보자.

오늘 나는 (작은 행동) : _____

그렇기에 오늘 하루는 완벽하게 달성된 하루다.

Step 3.

태도가 부를 결정한다

부자가 되고 싶다며 나를 찾아온 두 사람이 있었다. 그들이 어떤 삶을 살아왔는지는 모르지만, 대화를 통해 앞으로 이 둘의 삶이 극명하게 달라질 거라는 걸 직감적으로 알 수 있었다.

첫 번째 사람은 꼭 성공하고 싶다며 부자가 되는 방법을 배우고 싶다고 이야기했다.

"그럼 현재 어떠한 방식으로 부에 도전하고 있나요?" 내가 물었다. 그는 주식 투자에만 집중하고 있다고 답했다.

"그럼 주식으로 수익은 내고 계신가요? 그리고 부를 향한 구체적인 계획은 있으신가요?"

"아직 구체적인 계획은 없고, 주식 투자를 시작한 지 3년 정도 되었지만 손실만 보고 있습니다. 아무래도 종잣돈이 작다 보니 급등주나 테마주 위주로 투자하고 있습니다. 가끔 코인 투자도 하고요. 그런데 꼭 제가 투자하면 조금 있다가 손실이 나더라고요. 뉴스에서는 전망이 좋다고 하는데, 왜 제가 사면 떨어지는지 모르겠습니다. 나이는 먹어가는데 모은 돈은 없고 답답하던 차에 투자 책을 읽다가 작가님의 책을 만나 꼭 직접 상담받아야겠다고 생각했습니다."

"투자 스타일을 알았으니 진단해 봐야겠네요! 제 눈에는 무엇이 문제인지 보이지만 당사자가 받아들여야 성장할 수 있습니다. 꼭 국내 주식 투자만 고집해야 할까요? 주식 투자의 종류에는 해외 투자도 있고 배당금 투자도 있거든요! 처음부터 빨리 돈을 벌려고 하면 무리하게 투자하게 됩니다. 그렇게 계속하다 보면 인생에 예상치 못한 악재가 쏟아지며 오히려 부와 멀어질 수 있거든요! 그럼 저와 기본을 탄탄히 하면서 투자하는 방법을 찾아볼까요? 연 수익률 10퍼센트를 목표로 복리 투자를 실천해 보는 건 어떨까요?"

상대방은 내심 놀란 표정이다. '연 10퍼센트 수익률이라고? 그리고 복리 투자는 천천히 부자가 되는 방법 아닌가?'

"작가님의 이야기는 무슨 말씀인지 아는데 지금 제가 생각하는 수익률과는 좀 차이가 큽니다. 연 10퍼센트 수익률로 언제 부자가 되겠어요?"

"그렇게 생각할 수 있지만, 투자는 기본이 탄탄해야 합니다. 그리고 처음 목표는 10퍼센트이지만 갈수록 높여 갈 수 있어요. 종잣돈이 적다면 투자 공부를 병행하며 다양한 자산의 성질부터 파악해 보세요. 투자 실력이 늘어나는 동안 노동으로 번 돈은 차곡차곡 모아 두고요. 부로 가는 길은 투자만 있는 것이 아닙니다. 블로그나 유튜브에 도전하고, 부동산도 공부하며 여러 경험을 쌓는 것이 중요합니다. 부의 길은 한 가지가 아니라, 다양한 도전을 통해 열립니다."

곰곰이 생각해 보더니 마침내 입을 열었다. 그는 방법은 좋아 보이지만 시간이 오래 걸릴 것 같아 부담스럽다는 말을 남기고 떠났다. 나는 1시간의 만남으로도 그의 앞날이 눈에 보였다. 왜 지금까지 투자에 실패했는지도 그리고 앞으로 그가 걸어갈 길이 고난의 연속일 것임도 직감할 수 있었다.

두 번째 사람도 내 책을 읽고 성공하는 방법론을 배우고 싶다며 찾아왔다. 들어오는 순간 밝은 표정과 자신감 있는 말투에서 배우려는 강한 열망이 느껴졌다. 그는 그동안 회사에서만 일했으며, 투자 경험은 전혀 없다고 했다. 주위에서 투자를 권유받았지만 늘 망설였다고 한다. 그러나 최근 회사 봉급만으로는 가족을 부양하기 어려움을 실감하며, 작은 변화가 필요하다고 느껴 내 책을 읽고 자신감을 얻어 이 자리까지 오게 되었다고 했다.

"아무것도 모른다는 건 오히려 장점이 될 수 있어요! 사고가 유연해 받아들일 힘이 있을 수 있거든요. 혹시 상담하기 전에 한 가지만 물어볼게요! 혹시 제가 제시하는 방법을 차근차근 배워 도전해 볼 마음가짐이 되어 있으세요?"

"당연하죠! 벌써 서른 살 중반에 들어섰고 이제 더는 정체된 삶을 살 수 없습니다."

"처음에는 기본기가 중요합니다. 1억이 있다면 9천만 원은 일단 통장에 넣어 두고 오늘부터 10분씩이라도 ETF 투자와 배당금 투자를 공부해 보세요! 그리고 1,000만 원은 제가 일러둔 ETF 종목과 배당 종목에 매달 50만 원씩 나눠서 매입할 겁니다. 그리고 매일 10분이라도 투자 루틴을 만들고 자산의 성질을 파악해 보세요! 잘 모르겠다면 물어봐도 좋습니다. 이게 첫걸음입니다. 아! 한 가지 더, 지금 투자를 처음 시작한다면, 블로그를 만들어 공부한 내용을 정리하는 느낌으로 꾸준히 포스팅해 보세요. 남들의 시선은 신경 쓰지 않아도 됩니다. 이렇게 하면 혼자 공부할 때보다 훨씬 머릿속에 선명하게 각인될 것입니다. 마지막으로 꾸준히 지치지 않고 하는 게 중요해요!"

"그럼 당장 시도해 보겠습니다. 인생 조언 감사합니다."

당신의 마음은 배움에 열려 있는가?

이 두 사람이 지닌 삶의 태도는 확연히 다르다. 한 사람은 삶의 태도가 닫혀 있고, 다른 한 사람은 열려 있다. 한쪽은 사고가 경직되어 있는 반면, 다른 쪽은 유연하다. 누가 더 발전 가능성이 클까? 당연히 세상을 열어 두고 받아들이는 사람이 발전 가능성은 훨씬 크다.

간혹 사람들과 대화를 이어 가기 힘든 경우가 있다. 예를 들어 부의 방법에 대해 이야기하는데, 자신은 주식 투자만 한다고 고집하는 경우다. 다른 이야기는 듣지 않고, 오직 주식 투자로만 성공해야 한다고 주장한다. 이미 내가 말하기도 전에 사고가 닫혀 있으니 대화를 계속하기 어렵다. 이처럼 사고가 닫혀 있으면 상대방과 자연스레 멀어지고, 이유조차 알지 못한 채 홀로 자신의 삶 속에 고립될 가능성이 커진다.

  한때 나도 고집불통처럼 닫힌 사고로 산 적이 있다. 지금 생각해 보면, 당연히 잘되고 있는 것 같았지만 성장 속도는 매우 느렸다. 주위에서 부동산 이야기가 나와도 듣지 않았고, 나는 오직 주식 투자로만 성공하겠다는 강한 신념을 가지고 있었다. 코인 투자가 유행할 때는 가치를 모르는 코인에 투자한다며 주변을 비난하기도 했다. 하지만 한 번의 큰 실패가 내 삶을 송두리째 바꿔 놓았다. 그 이후에는 어린아이에게서라도 배울 게 있으면 배우자는 마인드로 변화했다. 오만하게 '내 것'만 고집하면 미래도 지금과 다르지 않겠구나, 하고 직감했다. 그때부터 나는 모든 것을 받아들이기로 마음먹었고, 삶은 완전히 바뀌었다. 국내 주식 투자만 해 왔지만, 이제는 해외 주식, 배당금 투자, 비트코인과 선물 투자, 글쓰기, 책 출간, 블로그 운영, 브런치 작가 도전, 부동산 공부 등 부를 향한 길에서 배울 수 있는 것이라면 무엇이든 경험해 보자는 마음으로 바뀌었다. 그리고 다양한 자산 투자의 경험, 과거에 장사를 해 본 경험, 회사에서 치열하게 일한 경험이 합쳐져 책을 쓸 힘이 되었다. 책을 내면서 알게 되었다. 부의 길로 들어서면 모든 게 연결돼 있다는 사실을 말이다.

　우리는 무엇이든 배우는 데 열려 있어야 한다. 마음을 닫지 말고, 배우고 싶은 것이 있거나 필요한 것이 있다면 장점만 취하면 된다. 도전해 보고 정말 아니라면 그때 포기해도 늦지 않다. 싫은 사람과 만나 시간을 낭비한다고 생각할 수 있지만, 시각을 바꿔 '오늘 만날 수밖에 없다면, 배울 점은 없는지' 호기심을 가지고 만나 보자. 힘든 시간이겠지만, 한두 가지라도 내 삶에 도움이 되는 것을 얻는다면 그 만남도 충분히 가치 있게 쓰일 수 있다. 열린 마음으로 좋은 것만 취하면 된다. 내 삶에 도움이 되는 것을 받아들이는 태도가 중요하다.

Step 4.

3명의 스승을 찾아라

삶에 새로운 행동을 적용하려면, 먼저 마음을 열고 변화를 받아들일 준비가 되어 있어야 한다. 선입견, 편견, 고정관념, 아집, 오만을 버려야 남의 지혜를 받아들이고 호기심으로 세상을 관찰할 수 있다. 앞서 내 안의 벽을 허물었다면, 이제는 부로 가는 길에서 배울 외부의 스승을 찾아 나설 차례다.

시작 단계에서는 모두 서툴 수밖에 없지만, 고난과 역경을 겪으며 길을 탄탄하게 만들어 갈 수 있다. 이 길이 정답인지 아니면 저 길로 가야 하는지 분간하기 힘들지만 스승을 찾아낸다면 내 목표로 달성할 길을 물어 도움을 받을 수 있다.

우선 최소 3명의 멘토를 찾아야 한다. 멘토가 필요한 이유는 그들이 이미 우리가 가고자 하는 길을 걸었고, 우리가 겪을 실패와 경험을 미리 겪어 세상에 공유하고 있기 때문이다. 과거에는 책이나 강연을 통해서만 그들의 삶을 엿볼 수 있었지만, 현대에는 배우고자 하는 마음만 있다면 세상의 모든 정보를 찾아 습득할 수 있다. 호기심만 있다면 정보는 꼬리에 꼬리를 물고 연결되어 우리의 지식을 채워 준다. 이렇게 배우기 좋은 세상에 살고 있으면서도 삶의 스승을 찾지 않는다면, 초입조차 제대로 찾지 못하고 잘못된 길로 들어설 수 있다. 인생에서 이보다 큰 실수는 없다.

성공한 사람들의 노하우를 내 삶에 적용하라

나에겐 3명의 멘토가 있다. 이들을 중심으로 가지를 치듯 여러 사람의 철학을 흡수하며 지금 나만의 철학이 형성되었다. 처음 부자가 되기로 마음먹고 투자 구조를 설계하며 목표를 세웠고, 삶을 탄탄하게 만드는 철학을 정립해 나갔다. 돈보다 시간이 정답이라는 단순한 생각도, 멘토들의 조언을 받아 내 삶에 적용했기에 가능했다. 이 3명의 멘토는 내 삶의 정신적 지주다. 가끔 흔들리거나 오만에 빠졌을 때, 일이 잘 풀리지 않으면 멘토의 책과 영상을 꺼내 본다. 생각을 재정립하고 새로 시작할 수 있는 원동력을 만들어 낸다.

 나의 스승 3명은, 투자에 있어서는 워런 버핏, 삶의 철학과 태도에서는 고명환 작가, 그리고 책 쓰는 요령과 삶의 통찰력에서는 서안 작가이다. 이들로부터 많은 영향을 받았다. 처음 부의 길로 들어서기로 마음먹었을 때는 막막했지만, 이 3명의 스승을 찾아 배우고 적용하면서 탄탄하게 부의 길을 설계할 수 있었다. 이들은 이미 수많은 고난과 역경 속에서 자신만의 삶의 기준과 성공 방정식을 만든 대가들이다. 나는 그 노하우를 미안하지만, 공짜로 훔쳐 내 삶에 적용하고 있다.

 워런 버핏 또한 삶의 멘토가 있었을 것이다. 고명환 작가 역시 수많은 책을 읽으며 그 속에서 스승을 찾아냈다. 스승 위에 스승이 있고, 그렇게 수천 년의 지식이 우리 코앞에 전달되었다. 우리는 그 지식을 아낌없이 누릴 수 있다. 내가 주식 투자로 성공해야겠다고 마음먹었다면, 우선 나와 투자 성향이 비슷한 멘토를 찾아야 한다. 그리고 삶의 철학을 단단하게 만들어 줄 수 있는 멘토를 찾는 것도 중요하다. 너무 돈만 좇다 보면 정신이 피폐해질 수 있다. 탄탄하게 나의 부의 그릇을 찾아

나가기 위해서는 단단한 철학도 꼭 필요하다. 3명의 멘토를 찾았다면 이제 가지를 쳐라. 3명의 멘토가 든든한 뿌리라면, 작은 가지들은 뿌리를 지지하며 나무를 튼튼하게 키우는 자양분이 된다. 나는 3명의 멘토 외에도 책과 경험을 통해 지식을 훔치는 스승들이 많다. 글을 쓸 때 영감을 얻고, 지치면 위로를 받으며 다시 시작할 에너지를 얻는다. 탄탄한 나무는 튼튼한 뿌리와 수많은 가지로 이루어진다. 여러 스승의 장점을 흡수하며 부의 길로 나아가야 한다.

부의 길로 들어서면 수많은 선택지가 펼쳐진다. 하루에도 수천 가지 선택 중에 누가 현명하고 올바른 선택을 해내는가에 따라 누구는 부자가 되고 누구는 실패자로 남는다. 부를 이룬 사람들은 공통적으로 말한다. 부의 길로 들어서려면 수많은 선택 속에서 옳은 선택의 비중을 늘려야 한다고. 성공과 실패의 갈림길에서 가장 중요한 것은 경험에서 얻은 판단력이다. 정확한 판단을 자주 내릴수록 부에 가까워진다. 멘토를 섬기는 이유도 같다. 초입에서 올바른 길을 찾고, 수많은 선택 속에서 현명하게 나아가기 위해서다. 고비 속에서도 등대처럼 길을 밝혀 줄 3명의 스승을 찾아야 한다.

경험 없는 사람에게 묻지 마라

경험이 없는 사람에게 조언을 구하면 대부분 "하지 마라", "그 길은 위험하다"라는 말을 들을 가능성이 크다. 부의 길 초입에서 이런 조언은 불필요한 시간 낭비와 부정적인 에너지로 작용할 수 있다. 경험 없는 사람은 전문 지식도, 실제 경험도 없으므로 올바른 답을 줄 수 없다. 따라서 부에 도전할 때는 반드시 경험과 노하우를 가진 멘토를 찾아라.

Step 5.

망설이지 말고, 지금 당장 행동하라

새해가 되면 누구나 계획과 목표를 세우며 다짐한다. 하지만 돌이켜 보면, 계획이 지켜진 적은 거의 없다. 묵혀 두었던 계획들을 다시 꺼내며 "이번에는 반드시 성공하겠다"고 다짐하지만, 하루 30분 운동, 영어 10분 공부, 블로그 하루 1포스팅, 투자 공부, 미라클 모닝, 여행 등 대부분은 '작심삼일'로 끝나기 일쑤다.

2024년 한 해를 마무리하기 한 달 전부터 으레 여러 블로그에 새해 계획이라는 포스팅이 올라오기 시작한다. 2025년 계획을 10가지 이상 적어 놓고 1월 1일부터 하겠다는 것이다.

아직 오지 않은 미래의 1월 1일로 내 계획을 미뤄 놓는 것이다. 나는 블로그에 이와 다른 포스팅을 올린다. 특별한 날이 따로 있지 않으니 지금부터 시작해야 한다는 의미로, 만약 계획을 세우고 실행해야 한다고 마음먹었다면 12월 1일부터 하면 된다는 내용이다. 그러면 1월 1일에 계획을 실행하는 사람보다 적어도 한 달은 앞서갈 수 있다.

우리는 살면서 미루는 습관이 몸에 익었다. 현재 존재하지 않는 미래를 특별한 날로 정하고 그때 가면 해야지, 마음먹곤 한다. 하지만 미루고 미룬 특별한 날은 나에게 영원히 오지 않는다. 오늘 하루에 의미를 부여하고 최선을 다한다면, 오늘이 바로 특별한 날이 될 수 있다.

하루하루가 모두 특별하다

직장동료인 김 과장은 현재 아이가 둘이다. 회사에서 500만 원의 월급을 받지만, 물가가 급등하는 요즘의 경제 상황에서는 마치 350만 원처럼 느껴진다. 회사에서 월급 말고 추가적인 파이프라인을 구축한 건 나뿐이다. 나는 현재 월급 이상의 추가 소득이 있다. 아이가 둘인 김 과장은 여유 있는 나를 보며 몹시 부러워한다. 갈수록 아이들 교육비와 식대가 늘어나 걱정이 많기 때문이다. 어느 날 김 과장이 나에게 상담을 청해 온 적이 있다. 미래를 생각하면 너무 막막하다고 하소연했다. 밖에서는 과장 직급으로 월 500만 원을 받는다고 하면 대단하다고들 하지만, 그 돈으로 아이 둘을 키우기가 팍팍하다고 했다. 미래를 설계하고 계획을 세우는 건 현재로서 불가능에 가깝다고 한탄했다.

김 과장을 아끼는 나로서 뭔가 해결책을 제시해 주고자 노력했다. 하지만 한계가 있었다. 김 과장은 실행력이 부족했다. 자신이 해 보지 않은 일에 대한 두려움이 컸다. 새로운 일을 시작하려면 매번 미래에 특별한 날을 정해 놓고 그날 가서 해야지 마음먹는다. 당장 변화가 필요하지만 행동이 따르지 않는 근심은 삶을 지옥으로 만들 수 있다. 걱정 속에 허송세월을 보내는 모습이 눈에 선하다. 김 과장은 투자 경험도, 모아 놓은 돈도 없다. 그렇다고 근심만 해야 할까? 일단 상황이 답답하고 처참해도 객관적으로 바라보려고 노력해 보자.

그 출발점은 당장 할 수 있는 일부터 실행하는 것이다. 세상에 완벽한 계획은 없다. 완벽한 준비도 없다는 뜻이다. 현재 가지고 있는 게 없어 미래가 걱정된다면 지금 할 수 있는 일부터 시작해야 한다. 할 수 있는 일부터 시작해야 행동해 나갈 수 있다. 미래의 특별한 날을 정해 두고 미루지 말자. 1월 1일부터 시작해야 한다는 마음가짐부터 버리자. 일주일 뒤에, 한 달 뒤에, 차장 진급해서 월급이 오르면 그때부터 50만 원씩 모아 배당금 투자해야겠다는 생각을 버리자. 아직 오지 않은 미래에 내 삶을 미루지 말자. 현재 돈이 없다면 조금씩 아껴 1만 원씩이라도 투자해 보고 관련 서적을 읽어 나가면 된다. 블로그를 개설해 보고 서툴지만 내가 공부한 지식을 공유해 보자. 나의 서툰 자료에도 도움을 받는 사람이 있다. 읽고 적다 보면 조금씩 일어나지 않을 것 같은 변화들이 감지되기 시작한다. 1만 원 배당금 투자에서 500원의 배당금을 받는 경험을 하고, 블로그에 글을 남기며 이웃과 소통하면서 새로운 정보를 얻을 수 있다. 모르는 것이 있으면 지식이 뛰어난 사람에게 물어보고, 강의가 있다면 직접 참석해 배우는 것도 좋다.

현재 내 주위에 일어나지 않을 것 같은 일들이 가지를 치며 늘어간다. 신기한 경험을 하게 된다. 과거에는 없었을 변화들이 일어난다. 갈수록 자신감이 붙는다. 재미가 있다. 미래의 걱정이 줄어든다. 목표가 생기면 잠자던 심장이 다시 뛰기 시작한다. 심장에서 강력한 스파크가 일어난다. 아이들에게는 도전하는 아빠, 멋진 아빠, 미래를 준비하는 아빠로 비친다. 집 안 분위기도 바뀐다. 도전하는 아빠에게 미래가 있다. 아내도 미래를 준비한다. 아이들도 부모의 이런 모습을 보며 진취적인 삶을 살아갈 가능성이 커진다. 온 가족이 긍정 에너지로 바뀌며 에너지 합주가 시작된다. 작은 시작과 행동이 온 가족의 에너지를 긍정적으로 바꾸어 놓는다.

내가 읽은 부와 관련된 수많은 책에서 공통으로 강조하는 부의 공식이 있다. 바로 '주위 다섯 사람이 당신의 삶을 만든다'는 것이다. 주변을 한번 살펴보라.

- 당신 옆에 부자가 있는가?
- 당신 옆에 도전하는 사람이 있는가?
- 당신 옆에 앞으로 나아가자고 말하는 사람이 있는가?
- 당신 옆에 하지 말라는 말보다 해 보자고 하는 사람이 있는가?
- 당신 옆에 사회를 이끌어 가는 리더가 있는가?
- 당신 옆에 배울 점이 많은 사람이 있는가?
- 당신 옆에 사회적 지위가 높은 사람이 있는가?

만약 주변에 변화를 이끄는 사람도 없고 과거와 똑같이 산다면, 안타깝지만 당신의 인생이 바뀔 가능성은 거의 없다. 왜냐하면 내가 매일 만나고 영향을 주고받는 사람들이 내 인생의 방향을 결정하기 때문이다.

지금 나를 변화케 하고 최종 목적지로 가는 첫걸음을 떼기 위해서는 행동하는 나를 만들어 내야 한다. 그 시작은 내 머릿속에 특별한 날을 만들지 않는 것부터다. 당신이 생각하는 지금이야말로 특별하다. 오늘을 충실히 살아가면 과거도 미래도 두렵지 않다. 지금 시작해야 앞으로 나아갈 수 있다. 특별히 미뤄야 할 '특별한 날'은 존재하지 않는다. 중요한 건 바로 지금, 시작하는 나 자신뿐이다.

Step 6.

3가지를 버려라

어렸을 때 그리스 신화의 영웅인 헤라클레스가 나오는 영화를 본 적이 있다. 인간의 몸으로 자신에게 주어진 불가능한 12개 과업을 해결하기 위해 도전을 시작한다. 영화에서 마지막으로 메두사를 죽이는 장면은 특히 인상적이었다. 헤라클레스의 이야기는 그의 고난과 시련을 극복하는 여정을 통해 사람들에게 큰 영감을 준다. 헤라클레스에게 가장 유명한 저주는 바로 '헤라의 광기'다. 이 광기로 그는 부인과 자녀를 죽이고, 쌍둥이 형제 이피클레스의 가족까지 잃는다. 깊은 죄책감에 자살까지 생각했으나, 테세우스의 만류로 델포이로 가정화 의식을 치른 후, 티린스의 왕 에우리스테우스의 신하가 되어 10년간 12과업을 수행하며 자신의 죄를 씻기로 결심한다. 헤라클레스는 이 과정을 통해 수많은 고난과 역경을 극복하고, 마침내 12과업을 완수하며 저주에서 벗어난다.

어쩌면 우리가 가고자 하는 부의 길 또한 헤라클레스의 12과업과 비슷하다. 미지의 두려움을 극복하고 보이지 않는 과업에 성공해 나갈 때 마침내 미션을 완수하고 부의 길에 들어설 수 있다. 그렇다면 나의 부의 그릇을 찾고, 도전을 통해 목표를 이루려면 어떻게 해야 할까? 앞으로 나아가지 못하게 하는 핵심 요인 중 하나는 나쁜 습관의 반복이다. 앞서 잉여시간의 법칙에서 이야기했듯, 남는 시간을 어떻게 쓰느냐에 따라 미래가 달라진다. 잉여시간을 의미 있게 사용하지 않으면, 미래의 나는 현재와 다르지 않다. 현재의 나는 과거의 나로 인해 만들어진 것이며, 같은 행동을 반복한다면 인생은 절대 바뀌지 않는다. 10년 뒤에도 왜 내 삶은 여전히 그대로인지 반문하게 된다.

문제점을 찾았으니 답도 분명하다. 지금 하고 있는 걸 반대로 하면 된다. 편안함, 안주, 헛된 시간 소비, 이 3가지를 이제 헤라클레스의 도전처럼 과감히 버리고, 경험해 보지 못한 일,

하기 싫은 일, 두려움으로 가득한 일과 마주한다. 배가 1도씩 방향타를 틀어 방향을 옮기는 것처럼 조금씩이라도 바꿔 나가야 부의 그릇을 찾을 수 있다. 메두사의 얼굴을 보면 돌로 변한다고 한다. 그렇다고 두려워 눈을 감고 피하기만 한다면, 한 발짝도 움직이지 못한 채 제자리에 머물러야 한다. 결국 중요한 건 위험을 직시하면서도 앞으로 나아갈 방법을 찾는 것이다.

나를 위해 시간을 써라

첫 책을 쓰기 직전에 월 1,000만 원을 달성한 상태였다. 하지만 내면에서 끓어오르는 갈망과 늘 똑같이 흘러가는 시간, 그리고 매일 만나는 사람들만 만나며 허비하는 시간이 아깝게 느껴졌다. 주위를 바꾸지 못한다면 미래는 오늘과 똑같을 것이라는 생각에 잠이 오지 않았다. 그 이후 과거의 모든 걸 끊어 내고 나만의 부의 그릇을 찾는 여정을 시작했다. 지금까지 경험해 보지 못한 것, 두려워서 망설여야 했던 것, 하기 싫은 것을 찾아서 해나갔다. 잉여시간의 법칙을 이해하고 내 에너지를 불필요하게 소모시켰던 것을 모두 끊어 냈다. 즐겁고 안주하게 만드는 모든 것을 머릿속에서 지우고 휴지통에 버렸다. 과거 내가 얼마나 나태하게 살았는지 깨닫는 순간, 변화가 시작되었다.

과거 나는 스포츠 경기를 보는 일이 삶의 낙이었다. 농구 시즌이 되면 NBA를 보고 야구 시즌이 되면 MLB를 봤다. 모든 팀의 경기를 지켜봤다. 대개 경기는 3시간 넘게 이어진다. 나의 소중한 잉여시간을 남을 응원하는 데 소비했다. 집에 오면 레고를 조립하고 레고에 쌓인 먼지를 정리하는 데 시간을 허비했다. 레고를 만들고 조립하는 데 수 시간을 쏟아부었다. 만족감도 있었지만 내 삶에 남는 건 없었다. 주말이면 아마추어 배구 시합에 나갔다. 배구 시합에서 승리했을 때 성취감은 컸지만, 인생에는 크게 도움이 되지 않았다. 결국 고정시간을 제외한 잉여시간을 효율적으로 쓸 때 삶이 변한다는 사실을, 불필요한 시간을 끊어 내고 나서야 깨달았다.

이제는 안 했던 일, 두려워했던 일, 경험하지 못했던 일과 마주해야 한다. 앞으로 나아가고 나만의 부의 그릇을 찾기 위해서는 행동으로 옮겨야 변화가 이루어진다. 지금 나 자신을 객관화하고 철저히 불필요하게 쓰이는 시간을 해체해 분해해 봐야 한다. 최대한 세분화해서 어떤 행동이 나의 미래에 방해가 되는지 찾아내야 한다. 세분화해 보면 불필요하게 나를 옭

아매고 있었던 것들이 보이기 시작한다. 그곳부터 끊어 내야 한다. 남을 위해 시간을 소비하기보다 나를 위해 온전히 집중할 때 내 시간이 쓰이는 곳이 보인다. 눈치 보며 남을 위해 낭비하지 말고, 소중한 시간을 나를 위해 효율적으로 활용해야 한다.

■ 안주했던 삶

　TV 보기

　유튜브, 숏폼 시청

　스포츠 경기 시청

　레고 만들기

　낮잠 자기

　뒤로 미루는 습관

　게임하기

　과도한 운동 경기 참여

　월급에 의지한 삶

■ 변화된 삶

　글쓰기

책 읽기

책 쓰기

블로그 운영

브런치 작가 활동

다양한 투자 자산 경험

주말에 배구 시합 참여하지 않기

스포츠 경기 관람하지 않기

TV와 유튜브 숏폼 보기 80퍼센트 이상 줄이기

강연 참석

성장을 위한 모임 만들어 활동하기

THINK & ACTION

버려야 할 나쁜 습관

현재 자신을 객관화해 보고 무엇을 버리고 무엇을 바꿔 나가야 할지 적어 보자. 처음부터 한 번에 바꾸는 건 없다. 하나씩 바꿔 보는 것이 중요하다. 우리에게 주어진 시간은 한정되어 있다. 한정된 시간을 무의미하게 보낸다면 설레는 미래는 오지 않는다. 헤라클레스처럼 자신의 운명을 되찾기 위해 안주하는 현재의 삶을 끊어 내고 행동 습관을 조금씩 바꾸는 연습을 한다. 눕고 싶다면 일어나고 머리가 멍하다면 밖에 나가 뛰어야 한다. 하기 싫으면 해 보려고 노력해야 하고 두렵다면 용기를 내어 한 발 내디뎌야 한다. 그리고 3가지를 단절해야 한다. 편안함, 안주, 헛된 시간 소비!

끊어 내야 하는 것	시작해야 하는 것

Step 7.

루틴의 힘은 강력하다

'1만 시간의 법칙'은 1993년 미국 콜로라도대학교의 심리학자 안데르스 에릭슨(K. Anders Ericsson)이 발표한 논문에서 처음 등장한 개념이다. 그는 세계적인 바이올린 연주자와 아마추어 사이의 실력 차이가 대부분 연습 시간에서 비롯된다고 말하며, 뛰어난 연주자들은 최소 1만 시간 이상을 연습한다고 주장했다. 어떤 분야의 전문가가 되려면 최소 1만 시간의 훈련이 필요하다는 얘기다. 매일 3시간씩 훈련하면 약 10년, 하루 10시간씩 투자하면 3년이 걸린다. 즉, 매일 일정 시간 꾸준히 반복할 때 타인보다 탁월한 성과를 낼 수 있다.

그렇다면 1만 시간의 법칙을 부자가 되기 위한 원칙으로 삶에 객관적으로 적용해 보자. 예를 들어, 어린 시절 손흥민 선수처럼 축구에 재능이 있어 프로 선수를 꿈꾼다고 하자. 주위에서도 가능성이 있는 유망주로 평가받으면 부모님은 그 재능을 키우기 위해 체계적으로 축구 훈련을 시킨다. 아이는 축구 선수가 되기 위해 하루 10시간씩 매일 연습에 매진해 마침내 프로 선수가 되고 국가대표에 뽑힌다.

여기서 우리는 한 가지 짚고 넘어갈 부분이 있다. 어릴 적에는 가치 있는 일이라면 시간을 아낌없이 쏟아붓고, 루틴의 힘으로 하루 10시간 이상을 투자해 1만 시간의 법칙을 뛰어넘으며 전문가로 성장할 수도 있다. 그러나 지금의 우리는 더 이상 아이들처럼 삶의 모든 시간을 온전히 자신에게 쓸 수 있는 시기를 지나와 버렸다. 이 책을 읽는 독자라면 적어도 스무 살 이상이고, 부를 꿈꾸며 도전하고 싶은 마음에 이 책을 집어 들었을 것이다. 이제는 다른 방법을 찾아야 한다. 현재 내가 쓸 수 있는 시간을 계산하고, 이를 기반으로 루틴화 연습을 시작해 보자. 1만 시간의 법칙을 내 삶에 적용하기 전에 온전히 나의 가용 시간을 계산하는 것이 먼저다.

내가 쓸 수 있는 시간을 계산하라

앞서 잉여시간의 법칙에서 언급했듯, 성인이 되어 쓸 수 있는 시간은 한정적이다. 출근 시간, 취업 준비 시간, 그리고 나와 가족을 위해 쓰는 시간을 제외하면 하루 5시간 정도만 남는다. 생각보다 성인이 된 나에게 주어진 시간은 많지 않다. 이 때문에 지금부터 부에 도전하는 길은, 어린 시절의 가능성에 비해 훨씬 좁고 어려워진다. 하루 5시간을 1년으로 하면 1,825시간이 나에게 주어진다. 이를 1만 시간으로 나눈다면 5.4년이라는 시간이 꼬박 걸린다. 전문가가 되고 부자에 도전하기 위해서 써야 할 시간이다. 하지만 이것도 내 잉여시간을 대부분 쓴다고 했을 때 5.4년이다. 만약 휴식을 좀 더 취하고 지인들과 만나거나 여행하는 데 시간을 쓴다면 7년 길게는 10년이 걸린다. 이처럼 내 삶의 시간을 객관적으로 바라볼 때 비로소 루틴을 만들어 갈 동기가 생긴다. 시간을 객관화하지 않으면 지금의 꾸준한 행동이 미래와 연결되기 어렵다. 결국 지치고 포기할 가능성이 크다.

작년에 아이와 속초 여행을 갔을 때 '속초 아이'라는 대형 관람차가 눈에 들어왔다. 밤이면 더욱 환하게 빛나던 그 관람차가 구동되기 위해서는 큰 힘이 필요하다. 처음엔 움직이는지조차 알 수 없을 만큼 느리게 돌아가지만, 일정한 힘이 계속 가해지면 서서히 가속도가 붙고 이후에는 관성의 힘으로 스스로 일정한 속도를 유지한다.

객관화는 살면서 필수다. 객관화하지 않으면 내가 어디에 시간을 소비하고 어떤 행동에 불필요하게 에너지를 낭비하고 있는지 알 수가 없다. 아까운 시간을 하루하루 흘러보낸다. 객관화를 하면 2가지를 관찰할 수 있다. 생각보다 우리에게 주어진 시간이 부족하다는 것과 내가 부의 길로 들어가는 데 장기간 여정이 될지도 모른다는 것을 알게 된다. 물론 장기간의 여정은 맞다. 하지만 중요한 건 거대한 목표가 아니라, 긴 여정을 시작하게 하는 단 한 발짝이다. 그 첫걸음이 두렵게 느껴질 수 있지만, 일단 내딛는 순간, 관람차가 움직이듯 점차 루틴이 만들어지고 이후에는 큰 힘을 들이지 않아도 자연스럽게 굴러간다. 그렇게 반복하다 보면 하루하루가 가벼워지고, 내면은 점점 더 충만해진다.

복리의 삶을 살아가는 방법

'제이투'라는 내 필명에 관해 물어보는 이가 많다. 아이의 이름을 따서 만든 건지, 아니면 영어로 1월 January의 약자인 건지, 다양한 추측을 한다. 하지만 내 필명 제이투는 복리 곡선의 J를 뜻한다. 제이와 투자가 만나 제이투가 되었다. 내 삶의 철학은 튼튼하고 단단한 제이 곡선으로 가는 것이다. 복리의 삶을 산다는 말이다. 복리 곡선은 처음에는 성과가 눈에 보이지 않는다. 어쩌면 부의 길목에서 오히려 뒤로 퇴보할 수도 있다. 여기서 포기한다면 삶은 멈춰진다. 하지만 비록 초반에 조금 뒤처지거나 흔들리더라도, 하고자 하는 일을 루틴으로 만들어 매일 반복한다면 느리지만 꾸준히 성장하는 나를 발견할 수 있다.

예를 들어 현재 내 종잣돈이 5,000만 원이라고 하자. 투자 구조를 짜고 연 20퍼센트의 복리 수익률을 목표로 한다. 처음에 투자 방법을 만들고 루틴화해 도전했지만 세계 경제 위기로 인해 오히려 손실이 날 수 있다. 처음 시작부터 위기가 찾아온 것이다. 하지만 이때야말로 나만의 투자 철학을 믿고 꾸준히 이어 가야 한다. 아직 실패가 아니다. 이제 막 첫걸음을 뗐을 뿐이므로 그 결과는 3년을 지켜봐야 알 수 있다. 만약 경제 위기 속에서 스스로를 '안 되는 사람'이라 단정 지어 버린다면 다음 단계로 나아갈 수 없다. 경제는 위기와 호황이 반복된다. 지금은 절망적으로 보여도 경기가 회복되면 내 위치가 상승 곡선으로 전환될 수 있다. 포기하지 말아야 한다. 시작 단계에서는 제이(J) 곡선처럼 잠시 후퇴가 있을 수 있음을 받아들여야 한다.

나는 가장 큰 재능은 노력이라고 믿는다. 타고난 능력이 있어도 노력이 부족하면 오만에 빠져 쉽게 무너진다. 고생을 모르면 남의 삶도 이해하지 못한다. 결국 매일 꾸준히 노력해 루틴으로 체화한 사람을 이길 수는 없다. 단단한 삶의 철학은 외부에서 들어오는 수많은 공격을 강력하게 막아 내는 힘이 되어 준다. 비, 바람, 태풍 등 온갖 풍파가 몰아쳐도 무릎은 꿇을지언정 좌절하지 않는다. 포기하지 않는 노력으로 루틴화한 사람보다 강력한 존재는 없다.

마인드를 새로 세우고 계획을 만들고 행동으로 옮겼다면, 마지막으로 필요한 것은 행동의 루틴화다. 루틴은 단순한 반복이 아니라 몸에 스며드는 습관이어야 한다. 처음 한 달은 피곤하고 버거울 수 있지만, 그 과정을 넘어설 때 비로소 루틴은 강력한 힘을 발휘한다. 헬스장에 가서 처음 운동할 때 근육이 과부하를 받아 며칠간 끙끙 앓는 것처럼 루틴화의 과정도 비슷하다. 한 번도 해 보지 않은 일, 두려워 망설였던 일을 하게 되면 몸에 과부하가 걸릴 수밖에 없다. 하지만 한 달이 지나고 나면 전혀 피곤하지 않다. 몸이 익숙해진다. 이제는 몸에 딱 맞는 옷처럼 지금 해나가는 일을 하지 않으면 오히려 불안해진다. 속초의 상징인 대관람차가 루틴의 힘으로 자연스럽게 돌아가듯 우리가 가는 부의 가도도 루틴과 함께 자연스럽게 들어설 수 있다. 이것이 루틴의 힘이다.

Step 8.

내가 원하는 부를 생생하게 그려라

《돈의 속성》의 저자 김승호 회장은 자기가 세운 목표를 100번 쓰는 것으로 유명하다. 그는 계획을 세웠다면 반드시 시각화할 것을 강조한다. 김승호 회장은 명함 뒷면에 목표를 빼곡히 적어 수시로 확인하고, 매일 사용하는 컴퓨터 비밀번호도 자신이 원하는 금액으로 설정해 숫자를 반복 입력하며 목표를 시각화했다. 그렇게 눈에 보이지 않는 목표를 머릿속에 끊임없이 주입해 인지하게 만들었다.

《웰씽킹》을 쓴 켈리 최 회장 또한 웰씽킹의 정수는 시각화라고 이야기한다. 꿈을 현실로 만드는 데에는 10퍼센트의 의식과 90퍼센트의 무의식이 작용하는데, 무의식을 의식의 영역으로 끌고 와야 생각의 한계를 뛰어넘어 불가능할 것 같은 일들도 가능하다고 믿고 실천할 수 있다고 했다. 켈리 최 회장은 무의식이 가장 활발하게 작동하는 순간은 잠들기 전 10분, 아침에 눈을 뜨는 10분이라고 말한다. 그는 이 시간에 이루고 싶은 것을 100번씩 되뇌고, 이를 100일 이상 반복한다. 그렇게 무의식을 훈련하면 꿈은 믿음으로, 믿음은 신념으로, 그리고 결국 현실로 이어진다.

상상한 부가 현실이 되는 시각화 전략

나 역시 처음 계획을 세우고 실행하는 과정에서 시각화를 실천해 보았다. 하지만 경험상 시각화가 성공을 100퍼센트 보장하지는 않는다. 만약 그것만으로 충분하다면, 세상 사람 모두가 계획을 적고 집중하는 것만으로 부자가 되었을 것이다. 현실은 그렇지 않다. 마인드 편에서도 말했듯, 우리가 책을 읽고 배운 것을 인지했다면 즉시 실행해 내 삶에 적용해야 한다. 시간이 지나면 배움은 무의식 속으로 넘어가고, 우리는 자연스럽게 '무인지' 상태로 살아간다. 무인지 상태에서는 행동으로 이어지지 않기 때문에 삶은 전혀 바뀌지 않는다. 원리를 이해하고 직접 경험해야만 내 것으로 만들 수 있다. 시각화도 마찬가지다. 부자가 될 가능성이 조금이라도 있다면, 바로 시도하고 경험해 봐야 한다. 시도하지 않고 책에서만 읽는다면, 그 배움은 결코 내 삶에 체화되지 않는다.

나는 처음으로 계획을 세운 뒤 시각화하기로 마음먹었다. 노트북, 핸드폰, 자동차, 책, 독서대 등 눈에 보이는 곳에 목표를 적어 놓고 매일 시각화했다. 그리고 아침에는 목표를 10번씩 읽으며 의지를 다졌다. 결과는 어떻게 되었을까? 과연 효과가 있었을까, 아니면 기대와 달리 아무런 변화도 없었을까?

효과는 놀라웠다. 당시 계획하고 시각화했던 일들의 80퍼센트가 이루어졌다. 시각화가 중요한 이유는 집중력 때문이다. 우리 뇌는 장기간 몰입하고 집중하는 걸 힘들어한다. 게다가 성인이라면 하루 동안 처리해야 할 일들이 많다. 일과를 처리하다 보면 목표에 대한 생각이나 의지가 쉽게 희미해진다. 우리의 뇌는 잠깐의 기억조차 버거워하는데, 대부분의 에너지를 일상 업무에 쏟는다면 목표를 향한 의지력이나 집중력을 충분히 발휘하기 어렵다. 그렇기 때문에 시각화는 목표를 이루는 데 매우 중요한 도구가 된다.

목표를 자주 눈에 보이는 곳이나 주로 다니는 장소에 시각화해 놓으면, 업무를 처리하다가도, 운전 중에도, 화장실에 가서도, 책을 읽다가도 자연스럽게 목표를 확인하게 된다. "아, 내 목표가 100억이지." 잠시 집중력이 흐트러지고 목표가 희미해져도, 눈에 자주 띄는 곳에 목표가 보이면 무의식 속에서도 계속 상기하게 된다. 우리의 뇌는 약 95퍼센트가 무의식 영역이므로, 목표를 의식의 영역으로 끌어오는 연습이 필요하다. 자주 확인할수록 뇌는 자연스럽게 목표를 의식으로 가져와 질문하고 행동하게 된다. 자주 보고 접할수록 부자로 가는 답을 찾기가 수월해진다.

나는 시각화를 2가지로 나눈다. 목표의 시각화와 주변 환경의 시각화이다.

목표의 시각화

목표를 시각화하려면, 김승호 회장이 실천한 것처럼 눈에 잘 띄는 곳에 적어 두는 것이 핵심이다. 자주 가는 공간이나 사용하는 물건—화장실, 독서대, 자동차, 명함, 노트북, 핸드폰, 책 등—곳곳에 목표를 적어 두자. 이는 각자 선호하는 공간과 물건들이 있으므로 정해져 있는 건 아니다. 최대한 생활하면서 자주 볼 수 있는 곳이면 된다. 계획을 적어 놓는 것만으로는 충분하지 않다. 시각화했음에도 성과가 없거나 포기하게 되는 것은 이유를 모른 채 행동하기 때문이다. 목표를 적어 놓았다면, 우리 뇌에 질문을 던져야 답을 찾을 수 있다. 질문하지 않으면 목표는 단지 눈앞에 붙어 있는 글자일 뿐이다.

- 어떻게 목표에 도달할 수 있을까?
- 어떠한 방법으로 목표에 도달할 수 있을까?
- 과거 하던 방법이 아닌 목표에 도달할 수 있는 또 다른 방법이 있을까?
- 계속 실패하는데 보완하는 방법은 없을까?

질문을 하면 생각하게 되고, 생각하면 답을 찾게 되며, 방법도 확장된다. 시각화했다면 반드시 스스로 질문하고, 해결 방법을 찾으려 노력해야 한다. 방치하면 행동으로 이어지지 않는다.

■ 보이는 곳마다 적어 놓은 나의 목표

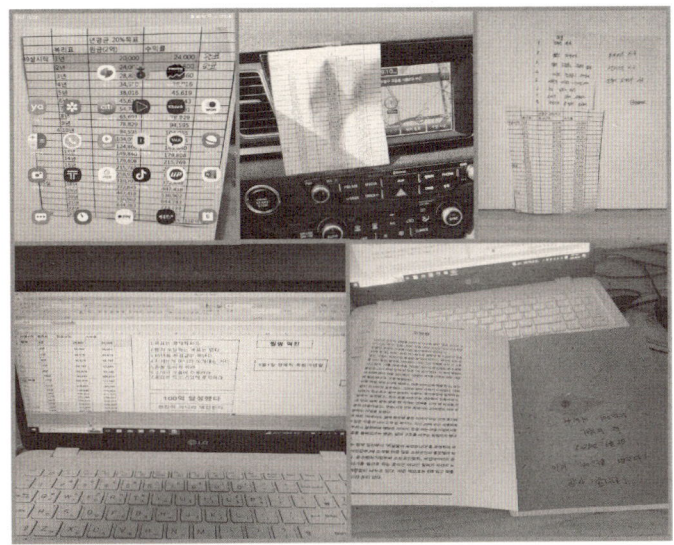

주변 환경의 시각화

맹자의 어머니가 맹자를 훌륭하게 키우기 위해 세 번을 이사했다는 '맹모삼천지교'처럼 내 주변을 성장에 도움이 되는 사람과 물건으로 채우는 것이 바로 환경의 시각화다. 우리는 익숙한 일상 속 방해 요소를 의식하지 못한 채 살아간다. 문제점을 인지하지 못하면 남들과 똑같이 반복되는 삶을 살 수밖에 없다. 주변을 바꾸고 시각화해야 내 삶도 달라진다.

주변의 시각화에 앞서 내 주위 5명을 바꿔야 한다. 집 안에서 미니멀리즘을 실천하면 내 에너지를 성장에 효율적으로 쓸 수 있어 성공 가능성이 커진다. 성인이 하루를 보내고 나면 남는 에너지는 고작 40퍼센트뿐이다. 이 에너지를 제대로 관리하지 못하면 성장은 멀어진다. 주변의 다섯 사람을 성장 지향적인 사람으로 바꾸고, 집 안의 불필요한 물건을 정리해 필요한 성장 도구로 채우는 것이 중요하다. 마치 맹자의 어머니가 서당 근처로 이사하며 공부 환경을 조성했던 것처럼, 주변을 시각화하는 것도 부를 이루는 핵심 요소다.

주변의 시각화에서 무엇보다 중요한 요소는 책을 읽고 글을 쓰는 것이다. 부자들 대부분이 책을 가까이한다. 주변에 책이 늘 눈에 띄면 자연스럽게 독서할 환경이 형성된다. 책을 전략적으로 배치하는 것은 공간을 시각화하고 학습 습관을 길러내는 가장 효과적인 방법이다.

대부분 이 좋은 걸 하지 않기 때문에 부와 멀어진다. 책 읽기는 부를 이루는 데 중요한 요소 중 하나다. 현재 내 주변을 둘러보자. 책이 있는가? 없다면 책으로 주변을 채워 목표를 시각화하라. 자주 눈에 띄면 한 장이라도 읽게 되고, 한 장이 두 장으로 이어지며 자연스럽게 독서 습관이 형성된다. TV나 숏폼 같은 산만한 요소에서도 멀어진다. 책으로 주변을 시각화해 습관이 됐다면, 그다음 단계로 글쓰기를 실천해 보기를 권한다. 여기서 사람들 대부분이 망설인다. 분명 처음에는 힘들다. 하지만 남들이 하지 않는 것, 힘든 걸 해야 삶이 분명하게 바뀐다. 책을 읽어 삶에 적용하는 것이 부로 가는 길에 장작을 지피는 것이라면, 글을 쓰며 생각을 체계화하는 것은 그 길에 휘발유를 부어 속도를 올리는 것과 같다. 글을 쓴다는 건 책을 읽는 것보다 다섯 배는 더 성장 가능성을 높인다. 글을 쓰고 문제를 발견하면 수정할 수 있다. 쓰지 않으면 알 수 없는 일이다. 수정하면서 내 생각과 철학이 정립된다. 내 기준이 똑바로 서게 된다. 남의 의견에 휘둘리지 않을 수 있는 것도 이때부터다. 지금까지는 남의 철학에 기대어 살았다면, 글을 쓰기 시작하면서는 남의 좋은 점을 흡수하고 내 삶에 맞게 소화해 나만의 철학을 만들어 간다. 이렇게 단단하게 쌓인 철학은 내 삶을 지탱하는 힘으로 작용한다.

글쓰기를 꾸준히 해 보고 싶다면 블로그를 추천한다. 처음에는 누구나 서툴다. 나도 예전에 쓴 글을 보면 차마 눈 뜨고 못 볼 지경이다. 내 머릿속 생각을 실제로 '인풋'에서 '아웃풋'으로 바꿔야 시각화의 진정한 효과를 볼 수 있다. 블로그나 일기 등에 꾸준히 기록하면, 흩어져 있던 모호한 생각 조각들이 하나로 모이며 집중되는 것을 경험할 수 있다.

잘못된 시각화

"무작정 하루 목표 100번 읽기, 무조건 하루 목표 100번 쓰기, 1년에 경제 서적 100권 읽기." 한때 블로그, 인스타, 스레드 등에서 매일 시각화 챌린지가 유행한 적이 있다. 하지만 시각화를 잘못 이해한 사람들이 많다. 단순히 쓰고 읽는 것만으로는 아무것도 이루어지지 않는다. 시각화의 목적은 행동으로 연결될 분명한 목표를 세우는 것이다. 시각화한 목표를 생산적 행동에 고정하고, 무의식의 영역에 있던 목표를 의식으로 끌어와 루틴화해야 비로소 그 효과를 극대화할 수 있다.

예를 들어 10억 모으기라는 목표를 시각화한다고 하루에 그 목표를 100번 읽고 100번 쓴다고 해서 삶이 바뀌는 것은 아니다. 목표를 시각화했다면 구체적인 계획이 필요하다. 10억에 도달할 수 있는 방법—주식 투자, 배당금, 유튜브, 책 출간, 강의 등—을 정하고, 이를 행동과 연결해야 시각화의 효율을 극대화할 수 있다.

Step 9.

부의 함정을 피하는 방법

회사 업무에 집중하고 있던 어느 날, 친한 지인에게서 다급한 연락이 왔다.

"가지고 있는 주식이 하한가에 진입했어. 하한가에 걸린 매도 잔량만 2,100만 주야. 어떻게 해야 하지? 자금이 전부 사라진 것 같아. 아마 월요일에도 또 하한가에 들어가지 않을까 싶어. 나 이제 망한 거지? 진짜 더는 주식하면 안 되겠어. 이상하게 주식만 하면 한 번도 돈을 벌어 본 적이 없잖아. 정신적 스트레스는 받을 만큼 받고, 돈은 계속 잃고… 이제 정말 투자 접고 일에만 집중하려고!"

울먹이는 그의 하소연을 들으며 전화를 끊고 나니, 나도 모르게 한숨이 새어 나왔다. 왜 이런 지경까지 왔는지 잘 알고 있기 때문이다. 그는 내가 첫 책 《ETF 사용설명서》를 집필하던 시절, 내 고민과 이야기를 가장 많이 들어주던 사람이었다. 글을 쓰려면 누군가에게 내 생각을 풀어놓으며 정리하는 과정이 필요한데, 어쩌면 내가 첫 책을 낼 수 있었던 출발점이 바로 그와의 대화였다고 해도 과언이 아니다. 그만큼 투자에 관해 자주 소통했고 서로의 성공을 진심으로 응원했지만, 결과는 안타깝게도 극명하게 엇갈리고 말았다.

욕심이 눈을 가린다

지인은 바이오 관련 주식에 투자하고 있었다. 그러나 내가 보기에 투자 시점은 적절하지 않았다. 간암 치료제가 미국 FDA 승인을 앞두고 있다는 뉴스가 나오자 시장이 반응하기 시작했는데, 지인은 그 소식에 크게 기대를 걸었다. 나도 만날 때마다 그의 이야기를 들으며 해당 회사를 나름대로 분석했는데, 재료 자체는 나쁘지 않아 보였다. 언론에서도 최초 승인 가능성이 높다고 연일 보도했다.

문제는 주가 흐름이었다. 이미 2만 원대에서 13만 원까지 치솟았다가 10만 원 선 근처로 내려온 상황이었다. 그럼에도 지인은 FDA 승인을 앞두고 자산의 두 배를 레버리지로 끌어와 투자금을 불려 몰빵했다. 나는 너무 위험하니 조심하라고 거듭 조언했지만, 그는 귀 기울이지 않았다. 만약 승인이 나고 간암 시장 점유율의 30퍼센트만 가져와도 지금 주가에서 열 배는 오를 수 있다는 환상에 빠져 있었기 때문이다.

그가 사용한 레버리지는, 만약 원금이 2억 원이라면 2억 원을 더 빌려 총 4억 원으로 투자하는 방식이다. 만약 주가가 50퍼센트 하락한다면 원금 2억 원은 전부 사라진다. 지금처럼 -30퍼센트 하한가에 직면한 데다 월요일에도 추가 하한가로 이어진다면, 정말로 모든 것을 잃을 위험에 처해진다.

이 이야기가 남의 일처럼 들릴 수도 있지만, 사실 이런 사례는 주변에서 흔히 일어난다. 그래서 '나만의 부의 그릇'을 찾아가는 여정에서 수많은 함정이 곳곳에 도사리고 있음을 항상 의식해야 한다. 무심히 지나친다면, 언젠가 나 또한 그런 함정에 빠질 수 있기 때문이다.

이 지인의 사례는 내가 말한 나쁜 망각 증상의 대표적인 형태다. 과거의 실패를 교훈 삼지 못하고 같은 실수를 반복한다면, 삶은 결국 뒷걸음질할 수밖에 없다. 과도한 레버리지 투자에서 비롯된 욕심, 자신의 상황을 객관적으로 보지 못한 실수, 사회적 분위기에 매몰된 확신이 돌이킬 수 없는 실패로 이어진 것이다. 조금만 냉정하게 바라보고 객관화했더라면, 전 재산을 잃을 수 있는 선택은 하지 않았을지도 모른다.

이 사례를 통해 왜 세상 곳곳에 부의 함정이 도사리고 있는지 생각해 보자. 우선 FDA 승인은 날 수도 있고 나지 않을 수도 있다는 가정에서 출발해야 한다. 확률은 50 대 50이며, 과거 한국 기업의 FDA 승인 전례가 거의 없다는 점을 감안하면 실제 가능성은 더 낮게 봐야 한다. 그런데도 지인은 욕심을 앞세워 자산의 두 배를 레버리지로 투자했다. 이미 2만 원에서 10만 원까지 다섯 배 이상 오른 주식이라면, 승인이 불발될 경우 하한가에 직면할 가능성은 충분히 예상할 수 있었다.

그러나 욕심은 끝을 모른다. 함정에 빠질 수도 있다는 가능성은 전혀 고려하지 않고, 오직 'FDA 승인이 나면 열 배 오른다, 4억이 40억이 된다'는 환상에만 사로잡혀 있었다. 결국 철저한 판단 없이 잘못된 선택을 한 것이다. 앞서 여러 번 강조했듯, 돈을 빨리 벌겠다는 조급함은 단단한 부의 그릇을 만들지 못하고, 오히려 부와 멀어지게 한다. 머릿속으로는 40억을 꿈꾸지만, 세상은 그렇게 만만치 않다. 고수익에는 반드시 고위험이 따른다. 빨리 벌려고 편법을 선택한다면, 그만큼 빨리 잃을 위험도 있음을 냉정하게 계산해야 한다.

결국 지인의 부의 그릇은 산산이 부서지고 말았다. 내가 가장 아끼는 사람이 그런 함정에 빠진 것을 지켜봐야 한다는 사실이 너무도 가슴 아팠다.

대중과 반대로 사고하고 행동하라

사회와 사람들을 관찰하다 보면, 부의 함정―즉 버블이 끼는 시점에 들어가 모든 자산을 잃고 실패하는 사람들을 너무도 자주 보게 된다. 버블 구간에만 빠지지 않는다면 무탈하게 살아갈 수 있겠지만, 세상에는 생각보다 많은 함정이 존재한다. 내가 현명해지지 않으면 결국 그 함정에 빠져 점점 더 부와 멀어질 수밖에 없다.

버블(함정)은 단지 자산에만 나타나는 것이 아니다. 사회 현상으로도, 개인의 삶 속에서도 얼마든지 발현될 수 있다. 이런 증상이 드러날수록 부와 멀어지고, 공들여 키워 온 부의 그릇은 점점 좁아지거나 결국 깨져 지금까지 쌓아 온 모든 것을 잃을 수도 있다.

    버블은 세상이 돌아가는 시스템의 일부라고 생각하면 이해하기 쉽다. 주식에 사이클이 있듯, 버블과 폭락은 반복된다. 계속 오르기만 하는 것이 아니라 상승과 하락이 교차한다. 사람들의 욕망과 탐욕이 버블을 만들고, 반대로 공포가 자산 폭락을 불러온다. 돈이 많거나 세상의 흐름을 미리 읽는 눈을 가진 사람들은 자산이 폭락했을 때 과감히 투자해 부를 일군다. 그러나 대다수 사람들은 버블이라는 함정에 빠져 결국 모든 것을 잃는다.

    대중과 반대로 사고하고 행동하는 것이 그래서 중요하다. 대중의 선택에 휩쓸린다면, 버블의 함정에 빠질 수밖에 없는 길을 스스로 걸어가게 된다.

탕후루, 대만 카스테라, 키즈카페의 열풍 그 후

    2023년, 탕후루 열풍이 한국을 강타했다. 중국에서 국민 간식으로 자리 잡았던 탕후루가 국내에 상륙하자, 사람들은 달콤함과 바삭한 식감에 열광했다. 원래는 중국 여행 중에나 맛보던 간식이었지만, 대중적인 인기를 얻으리라곤 예상하지 못했다. 뉴스와 매스컴은 연일 탕후루 열풍을 보도했고, 유튜브 숏폼에서도 관련 영상이 폭발적으로 늘어났다. 거리에선 탕후루 매장이 우후죽순 생겨났고, 누구나 손쉽게 만들 수 있는 구조가 오히려 새로운 버블을 만들어 내고 있었다.

처음 문을 연 가게들은 대박을 터뜨렸다. 대박 소문이 퍼지자 너도나도 탕후루 매장을 열기 시작했다. 하지만 나는 직감적으로 알았다. 곧 버블이 꺼질 것임을. 주위 사람들에게도 "큰일 났다. 탕후루 버블이 꺼지면 많은 사람이 손해를 볼 거야"라며 걱정을 털어놓았지만, 영향력 없는 내 목소리는 가닿지 못했다. 이미 매장은 삽시간에 늘어나고 있었고, 자산 시장에서 흔히 보던 버블이 사회적 현상으로 옮겨와 발현되고 있었다.

탕후루 매장은 특정 집단이 체인점 형식으로 모집하고 있었다. 이들에게 중요한 건 지속 가능한 성공이 아니었다. 빨리 모집해 돈을 벌고 빠져나가면 끝이었다. 뒤에 남겨질 고통은 고스란히 개인들의 몫이었다. 특히 퇴직자들이 희생양이 되었다. 퇴직금으로 안정적인 노후를 꿈꾸던 아버지, 어머니들이 '장사가 잘된다'는 소리에 너도나도 뛰어들었다. 만들기도 쉽고 매장 개점 속도도 빠르니 은퇴 세대가 집중적으로 몰렸고, 수많은 피해자가 양산됐다.

결과는 참담했다. 급격히 부풀었던 버블은 금세 꺼졌다. 매장은 문을 닫았고, 수많은 사람이 실직자가 되어 거리로 쏟아져 나왔다. 마지막 보루였던 은퇴 자금을 잃고 길거리로 나앉은 이들도 많았다. 이른바 '노후 파산'이었다.

이런 현상은 과거에도 있었다. 대만 카스테라, 키즈카페, 각종 유행 프랜차이즈 사업들. 이들의 공통점은 분명하다. 사회적 현상으로 번지며, 누구나 쉽게 창업할 수 있다는 점과 빠르게 유행이 사그라든다는 점이다. 진입이 쉬운 만큼 경쟁은 치열하다. 여기에 매스컴이 불을 붙이면 우리 사회 특유의 '냄비근성'까지 겹쳐 빠르게 달아오른 열기는 순식간에 식어 버린다.

문제는 대부분이 아무런 준비도, 근거도, 분석도 없이 내 자산을 덥석 투자한다는 것이다. 그 순간, 내가 가진 자산은 순식간에 사라지고, 깊고 어두운 '부의 함정' 속으로 가라앉는다.

함정에 빠지지 않기 위한 훈련

세상에는 늘 버블, 곧 함정이 존재한다. 하지만 버블은 한 자리에 머물지 않는다. 수많은 희생자를 남기며 마치 악마처럼 옮겨 다닌다. 순식간에 생겨났다가 사라지고, 또다시 사람들의 욕망을 타고 다른 곳으로 옮겨 붙는다. 어디로 향할지 알 수 없기에 준비가 되어 있지 않고, 세상을 나만의 기준으로 분별하지 못한다면 언젠가는 그 함정에 빠질 수밖에 없다.

내 눈에는 곳곳에 부비트랩처럼 설치된 수많은 함정이 보인다. 그러나 대중이 세상을 냉정하게 바라보는 일은 쉽지 않다. 그래서 나는 사람들에게 하이먼 민스키 심리 지표(46쪽 참고)를 세상을 바라보는 기준으로 삼아 연습해 보라고 권한다. 처음엔 낯설겠지만 자주 접하다 보면 버블이 끼는 지점이 보이기 시작한다. 세상을 냉철하게 바라보고 걸러내는 능력 또한 훈련이며, 부의 길로 들어서는 데 꼭 필요한 요소다.

부자가 되는 길은 결코 평탄하지 않다. 함정에 빠지지 않기 위한 연습, 그 자체가 부를 지키고 키우기 위한 필수 과정이다.

THINK & ACTION

부의 함정 피하기

1. 지금까지 인생에서 어떤 함정에 빠져 재산상 손실을 보았는가? 손실의 크기를 떠나 실수라고 생각되는 선택들을 적어 보자.

_____

_____

_____

2. 내가 잘못된 선택을 한 구체적인 이유는 무엇인가?

_____

_____

_____

같은 실수를 반복하지 않을 원칙과 방법은?

_____

_____

3. 다음과 같은 현실적인 부의 함정 사례를 명심하자.

누구나 쉽게 할 수 있는 것에는 함정이 존재한다.
편하게 돈 벌 수 있는 곳에는 함정이 존재한다.
유행을 타는 것에는 함정이 존재한다.
뉴스에서 트랙픽수가 증가하면 함정이 존재한다.
내 욕심이 커지는 곳에는 분명 함정이 존재한다.
쉽게 이득을 얻을 수 있는 곳에는 함정이 존재한다.
공짜로 얻을 수 있을 것 같은 유혹에는 함정이 존재한다.
대중에게 알려져 있고 나에게까지 정보가 들어왔다면 함정이 존재한다.
스스로 선택한 정보가 아니라 누군가 알려 준 정보에는 함정이 존재한다.
스스로의 판단이 아니라 남의 판단에 따른 결정이라면 함정이 존재한다.
충분한 준비를 하지 않은 선택이라면 함정이 존재한다.
마음이 조급한 선택이라면 함정이 존재한다.

4부

시간 레버리지

1년을 3년같이 살아라

1년을 3년처럼 압축해 살아라. 불필요한 시간을 끊고 매일 작은 성취를 쌓아 복리처럼 삶을 확장하라. 남들과 비교하지 말고 나만의 속도로, 효율이 비효율을 압도하는 삶을 선택하라. 마침내 남는 게 있는 삶을 만들어라.

Step 1.

1년을 3년처럼 산다면
내 삶은 어떻게 변할까?

나는 키즈카페에서 작가가 되었다. 아이가 세 살이 되던 해, 좁은 집에서 세 식구가 치열하게 살아가고 있었다. 아내도 직장을 다니고 있어서 우리는 맞벌이 부부였다. 일과 육아가 겹쳐 일주일 내내 몸과 마음이 지쳐 갔다. 좁은 공간 속 피곤과 짜증은 자연스럽게 집안을 잠식했다. 서로 탈출구가 필요했다.

아내가 주말만이라도 쉴 수 있기를 바라는 마음에, 나는 아이를 세 살 때부터 키즈카페에 데리고 나갔다. 다행히 아이는 활동적이고 사교적이어서 다른 친구들과 잘 어울려 놀았다.

그 시간 동안 나는 내 영혼을 치유한다고 믿으며, 핸드폰을 붙잡고 유튜브나 숏폼을 보았다. 의미 없는 시간이라 생각하지 못했고, 오히려 그것이 내 삶의 유일한 탈출구라고 여겼다.

그렇게 2년이 흘렀다. 아이가 다섯 살이 되었을 때, 어느 주말 문득 주위를 둘러보았다. 부모 대부분이 나와 똑같이 핸드폰 화면 속 세상에 빠져 있었다. 그 순간 소름이 돋았다. 마치 키즈카페에 모여 있는 '좀비들' 같았다. 방향성을 잃고, 무슨 생각을 하는지도 알 수 없는 얼굴들. 그 모습 속에서 지난 2년간의 내 자신이 겹쳐졌다. 나는 그제야 깨달았다. 그리고 깊은 자괴감이 몰려왔다.

변화는 시간을 압축하면서부터 시작된다

직장인들은 매일 지하철을 타고 출퇴근을 반복한다. 짧게는 30분, 길게는 한 시간을 훌쩍 넘기며 지하철에 몸을 싣는다. 그곳에는 늘 '지하철 좀비'가 존재한다. 모두가 한 손에 핸드폰을 들고 고개를 푹 숙인 채 화면 속 세상에 몰두한다. 마치 사람들로 꽉 찬 공간에서 핸드폰에 빠지지 않으면 맨정신으로는 견딜 수 없다는 듯 보인다. 이는 키즈카페 좀비와 다르지 않다. 시간의 소중함을 모른 채, 현실 도피의 수단으로 스마트폰을 택한 것이다. 하지만 스마트폰 세상에 깊이 빠져들수록 우리의 시간은 흔적 없이 사라진다. 무언가에 몰두한 듯한 기억만 있을 뿐, 머릿속에 남는 건 알 수 없는 찝찝함이다.

시간을 허투루 쓴다면, 미래의 나는 여전히 제자리일 뿐이다. 변화가 필요했다. 그래서 2023년 1월, 키즈카페에 앉아 더는 무의미하게 핸드폰을 보지 않기로 했다. 대신 유튜브를 보더라도 성장, 성공, 동기 부여 영상을 시청하며 목표를 '부자가 되겠다'로 수정했다. 아이는 자라나는데, 돈은 점점 부족해질 것이 자명했다. 이대로 시간을 흘려보낸다면 가정도, 나 자신도 지켜 낼 수 없었다.

그때부터 키즈카페에서의 시간을 성장의 시간으로 바꾸기로 다짐했다. 더 이상 시간을 흘려보내지 않고, 압축해서 살자고 결심했다. 시간에 끌려다니는 삶이 아니라 시간을 온전히 활용하는 삶을 살고자 했다. "1년을 3년처럼 살아 보자. 단 3년만 그렇게 살고, 안 되면 그때 포기하자. 대신 그 3년은 모든 시간을 압축해 살아 보자."

그 다짐 이후, 삶은 조금씩 달라지기 시작했다. 시간을 압축해 쓰는 순간, 인생의 궤적도 바뀌기 시작한 것이다.

막연한 상상을 행동으로 옮기다

부모님이 흔히 자식에게 하는 말이 있다. "50대가 되면 1년이 시속 50킬로로 지나가고, 60대가 되면 60킬로 속도로 흘러간다." 나 역시 나이를 먹고 취직을 해 사회에 끌려다니는 삶을 살면서 그 말의 의미를 체감했다. 서른을 넘어서면서, 내 시간도 시속 30킬로로 흘러가는 듯했다.

결혼을 하고 돈을 모으기 위해 부단히 애썼다. 하지만 아이가 태어나자, 돈을 모으는 일은 사치가 되었다. 아내가 맞벌이로 버텨 주었지만 입이 하나 늘자 형편이 크게 나아지진 않았다. 무언가 도전을 하긴 했지만 집중력은 떨어졌고, 이것저것 조금씩 시도하다 안 되면 금세 포기하곤 했다. 지금 돌이켜 보면 왜 그렇게 살았는지 후회가 남는다.

부모님이 말한 "나이가 들수록 시간이 빨리 간다"는 뜻을 이해할 수 있었다. 그것은 곧 시간을 압축해서 살지 못한 후회에서 나온 말이었다. 내가 원하는 삶이 아닌, 세상에 끌려다니는 삶을 살았기에 1년을 돌아봤을 때 이룬 것도, 기억나는 것도 없었다. 그래서 나이가 들수록 1년은 빛의 속도로 쏜살같이 흘러가 버렸다. 나 또한 압축된 삶을 살기 전까지는, 부모님의 삶이 곧 내 삶인 줄 알고 그렇게 살아야 하는 줄 착각하며 지냈다.

2024년 8월, 친구에게 무심코 이런 말을 내뱉었다.

"나, 마치 1년을 3년처럼 산 것 같아."

작년 7월을 기점으로 1년을 돌아보니, 40년을 살아오면서 한 번도 느껴 보지 못한 감정이 밀려왔다. 정말 1년이 3년처럼 빽빽하게 채워져 있었다. 그만큼 충실하게 보낸 걸까? 스스로에게 질문이 이어졌다.

재작년 7월, 나는 부자가 되기로 결심했고, 동시에 책을 쓰기로 했다. 나조차도 어처구니없는 결심처럼 느껴졌다. 이유는 간단했다. 지난 10년 동안 책을 읽어 본 적도, 글을 써 본 적도 없었기 때문이다. 게다가 나는 숏폼과 유튜브에 중독돼 도파민 자극에 익숙해져 있었다. 책을 다시 펼쳤을 때는 한 페이지조차 넘기기 힘들었다. 집중력이 바닥까지 떨어져 있었던 것이다. 이런 현상은 비단 나만의 문제가 아니다. 아이들이든 어른들이든, 모두가 짧은 콘텐츠에 중독되면서 비슷한 어려움을 겪고 있다는 생각이 들었다.

책을 써야겠다고 마음먹은 이유는 단순했다. 부자가 된 사람들이 하나같이 책 읽기와 글쓰기, 나아가 책 출간을 강조했기 때문이다. 그들의 공통된 이야기는 이랬다. "부로 가는 지름길이지만, 대부분 하지 않기 때문에 도달하지 못한다." 아, 남들이 하지 않는 길이기에 내가 책을 쓴다면 그것만으로도 나만의 브랜딩이 될 수 있고, 동시에 부자들이 말하는 사고와 감정을 직접 체험할 수 있겠다는 생각이 들었다.

그 막연한 상상을 행동으로 옮기기로 결심한 날, 블로그를 개설하고 글쓰기를 시작했다. 처음에는 모든 것이 서툴렀다. 지금 돌아보면 어떻게 글을 썼는지도 의아하다. 하지만 글을 쓰면서부터 내 삶은 조금씩 변해 갔다. 타인을 관찰하는 습관이 생겼고, 그 관찰을 통해 또 한 번 큰 변화를 경험했다. 부자들이 말하는 '통찰력'이란 결국 관찰에서 비롯된다는 사실을 깨달은 것이다.

당시 나는 책을 쓰는 방법이나 요령을 누구에게 배운 적도 없었다. 그저 패기 하나로 매일 글을 써 내려갔고, 하루도 빼놓지 않고 블로그에 글을 올렸다.

그리고 마침내 책을 쓰고 출간하며 알게 되었다. 글쓰기와 책 출간은 단지 기록이 아니라, 부의 통찰력과 맞닿아 있으며 삶을 긍정적으로 살아가기 위한 중요한 과정이라는 것을.

일단 쓰고, 고쳐 나갔다. 미래를 앞당겨 끌어와 고민하지 않았고, 완성을 머릿속에 두지도 않았다. 그저 시작했고, 실수나 오류가 있으면 고쳐 나가면서 완성되어 간다는 걸 알았다. 결국 지금 우리에게 필요한 것은 시작하는 힘이다. 미래의 걱정을 현재로 끌어오지 않고, 시작하고 고쳐 나가다 보면 삶은 변하고, 성공은 그 뒤를 따라온다.

2023년 7월, 나의 목표는 1년 안에 책 한 권을 내는 것이었다. 그러나 지금 나는 이미 세 권의 책을 출간했고, 네 번째 책 출간까지 확정 지었다. 네 번째 원고는 1차 퇴고를 마친 상태이며 내년 출간을 목표로 하고 있다. 불과 1년 사이에 세 권의 책을 완성할 수 있었던 것은 압축된 삶을 살기로 다짐했기 때문이다. 세상은 그렇게 내게 세 권의 책이라는 선물을 안겨 주었다.

책 쓰기는 단순히 시작하고 고치는 과정의 연속이다. 이것을 삶에 그대로 적용해 보자. 걱정하는 마음을 시작하는 마음으로 바꾸면 된다. 처음부터 완벽한 글이 없듯, 완벽한 삶도 존재하지 않는다. 오늘부터 그냥 시작하고, 고쳐 나가면 된다. 결국 성공에 다가가는 사람은 완벽한 준비를 기다리기보다 그냥 시작하는 용기를 낸 사람이다.

하루를 압축해서 살아갈 때 두려움은 사라진다

하루하루 불안하고 걱정이 앞선다는 건 결국 오늘을 충실히 살지 못했다는 방증이다. 목적의식 없이 하루를 보내니 가슴의 충만감은 사라지고, 그 자리를 걱정이 채워 버린다. 우리를 옭아매는 두려움은 크게 2가지다. 이를 끊어 내지 못하면 평생 겁에 질려 아무것도 하지 못한 채 멈춰 선 삶을 살 수밖에 없다.

첫 번째는 과거의 실패에 대한 두려움이다. 사람을 앞으로 나아가지 못하게 막는 가장 큰 요소가 바로 이것이다. 누구나 첫사랑의 아픔을 경험한다. 짝사랑의 상대는 나의 마음을 알지 못한 채, 나는 수없이 고백할까 말까 망설인다. 결국 용기를 내 고백하지만 거절당하면, 그 쓴맛은 마치 진한 에스프레소처럼 오래 남는다. 한 번의 실패는 이후 새로운 사랑 앞에서 더욱 두려움을 불러온다. "이번에도 실패하면 어쩌지?" 하는 생각 때문이다.

사실 결과는 단순하다. 성공이든 실패든 결국 상대의 선택이다. 나는 그저 고백하면 될 뿐이다. 실패했다고 해도 그것은 내 잘못이 아니라, 단지 상대의 반응일 뿐이다. 오히려 중요한 건 그 실패를 반면교사 삼아 다음엔 어떻게 하면 더 잘할 수 있을까를 고민하는 것이다. 하지만 처음 맛본 쓰라린 실패의 경험은 쉽게 사라지지 않고, 마음 깊숙한 곳에 오래 자리 잡아 새로운 도전을 가로막는다.

이는 사랑에만 해당되지 않는다. 회사에서 제출한 첫 리포트, 처음 호기롭게 뛰어들었던 주식 투자, 오랜 시간 준비했던 수능시험. 이 모든 실패는 사실 실패가 아니라, 성공으로 가는 경험치가 쌓이는 과정일 뿐이다. 그러나 과거의 두려움은 쉽게 벗겨 내기 어려워, 여전히 우리 발목을 붙잡는다.

결국 중요한 건 시작하는 것이다. 실패의 결과는 내가 결정하는 게 아니라, 상황과 타인의 선택에 달려 있다. 그 사실을 받아들일 때 과거의 두려움은 점차 힘을 잃고, 우리는 앞으로 나아갈 수 있다.

두 번째 두려움은 미래를 현재로 끌어와 걱정하는 것이다.

나는 책을 쓸 때 한 권 전체를 떠올리지 않는다. 대신 지금 눈앞의 한 장에 집중한다. 만약 처음부터 300페이지 분량의 책을 머릿속에 그린다면, 아마 한 줄도 쓰기 힘들 것이다. "내가 정말 이 많은 양을 다 쓸 수 있을까?" 하는 불안이 앞서기 때문이다. 이런 현상은 결국 미래의 걱정을 현재로 끌어오는 데서 생겨난다.

그렇다면 미래의 걱정을 덜어 내는 방법은 무엇일까? 답은 간단하다. 현재를 충실히 사는 것이다. 곧 하루를 압축해 농밀하게 살아 내는 것이다. 그렇게 하면 과거의 두려움도, 미래의 걱정도 파고들 틈이 없다. 지금 이 순간에 몰두해 있기 때문이다.

예전의 나는 늘 과거의 두려움을 현재로 끌고 와 벌벌 떨었고, 아직 일어나지도 않은 미래의 걱정을 현재로 가져와 불안에 휘둘리며 살았다. 하지만 '시작하고 고치는 삶', 그리고 하루를 충실히 사는 삶으로 변해 가면서 그 2가지 두려움은 말끔히 사라졌다.

우리는 멈춰 있으면 걱정이 고개를 든다. 반대로 압축된 삶이란 끊임없이 생각하고, 도전하고, 움직이는 삶이다. 만약 우울감이 몰려온다면 당장 밖으로 나가 걸어 보라. 방금 전까지 짓누르던 걱정과 우울감이 금세 자신감으로 바뀐다. 몸에서 열이 나고 혈관이 팽창하며 혈류가 활발하게 흐르면, 기분 좋은 움직임이 생각을 더욱 선명하게 만든다. 그리고 마음속 깊은 곳에서 이렇게 속삭인다.

"지금 도전하면 할 수 있다."

1년은 3개월도, 3년도 될 수 있다

과거 조선 시대에는 마흔 살이 평균 수명이었다. 그러나 오늘날 우리의 평균 수명은 80세를 넘어섰다. 1년을 3년처럼 살면서 느낀 감정이 있다. 0살부터 압축된 삶을 살 수는 없지만, 서른 살부터라도 압축된 삶을 산다면 어떨까? 누구나 태어나면 죽음에 이르지만, 헛되이 죽는 것보다 충분히 농축된 삶을 산다면 죽음 앞에서 후회가 덜하지 않을까?

서른 살부터 압축된 삶을 살았다고 가정해 보자. 지나간 30년은 1년으로 치고, 이후 기대수명인 80세까지 50년을 더 살 수 있다. 50년 동안 1년을 3년처럼 압축해 산다면 체감상 150년을 사는 셈이다. 앞서 지나온 30년을 합치면 우리는 180년을 산 것처럼 느낄 수도 있다. 물론 과학적으로 증명된 것은 아니지만, 하루를 농밀하게 압축해 살아간다면 불가능한 일도 아니다.

나 역시 1년을 3년처럼 살았다고 분명히 느꼈다. 책을 출간하기로 마음먹고 1년 만에 세 권을 집필할 수 있었고, 투자에서도 다양한 확장과 성장을 경험했다. 불필요한 시간을 줄이고 성공을 위해 집중했으며, 매일 글을 쓰고 책을 읽고 한 시간씩 걷고 생각하고 행동하는 삶을 살았다. TV와 숏폼을 끊어 내고 생산적인 삶으로 시간을 바꾸자, 과거에 의미 없이 소모되던 에너지와 시간이 의미 있는 에너지로 전환되었다.

그 결과 1년이 3년처럼 바뀌었다. 두 번째 책 출간이 확정된 8월, 문득 돌아보니 지난 1년 동안 목표로 했던 것들이 대부분 현실이 되어 있었다. 왜 1년이 3년처럼 느껴졌을까? 그것은 매일 쌓인 작은 성취와 의미 있는 성과 덕분이었다. 작은 성과들이 모여 복리처럼 불어나며, 사소한 삶의 변화가 쌓여 밀도 높은 삶으로 변해 갔음을 실감할 수 있었다.

불행히도 대부분의 사람은 오히려 1년을 3개월처럼 살아간다. 1년을 뒤돌아보았을 때 남는 것이 없기 때문이다. 여행의 추억은 길어야 사흘간 지속된다. 여행을 다녀왔다고 해서 삶이 충만해지지 않는다. 하루 종일 넷플릭스나 숏폼을 본다고 해서 가슴이 뛰고 행복이 차오르지도 않는다. 오히려 여행 후에는 더 큰 무력감이 몰려오고, 넷플릭스를 종일 보고 나면 머리가 무겁고 자신이 한심하게 느껴질 뿐이다. 그럼에도 우리는 사회가 정해 놓은 테두리 안에서 벗어나지 못하고, 압축된 삶 대신 오히려 축소된 삶을 살아간다.

작년 1월 1일을 떠올려 보자. 다짐했던 것들은 어디에 있는가? 군살을 빼겠다는 약속, 투자 공부를 시작하겠다는 결심, 영어 공부에 대한 열정은 온데간데없다. 결국 1년을 돌아보면 남는 것이 없다. 대신 숏폼과 유튜브로 시간을 흘려보내고, 나태와 미루는 습관이 몸에 배어 있다면, 소중한 1년이 마치 3개월처럼 사라져 버리는 기적 아닌 기적이 벌어진다.

하지만 1년을 3년처럼 압축해 산다면 이야기는 달라진다. 하고 싶은 일들은 무궁무진해지고, 끝이 아니라 수많은 시작이 나를 기다리는 것 같은 설렘이 다가온다. 미래의 내가 현재의 나에게 다가와 성공을 속삭여 주는 듯하다. 과정이 이미 시뮬레이션되어 있기 때문에 남과 비교할 필요 없이, 오롯이 나만의 속도로 살아갈 수 있다. 결국 우리는 효율이 비효율을 압도하는 삶을 살아야 한다.

내가 작은 성취 연구 모임을 만든 이유

첫 책을 출간한 뒤 나는 작은 성취 연구 모임을 만들었다. 세 번째 책 출간을 목표로 집필하던 과정에서, 성공과 성장의 밑바탕은 처음부터 큰 성취가 아니라 작은 성취에서 시작된다는 것을 나누고 싶었기 때문이다. 그래서 모임 역시 작은 성취를 기반으로 성장하는 성격을 지니도록 하고자 했다.

앞서 사람에게는 2가지 두려움이 존재한다고 했다. 바로 과거의 실패에 대한 두려움, 그리고 미래의 아직 일어나지 않은 일을 끌어와 걱정하는 마음이다. 이 두려움들이 우리의 발목을 붙잡아 행동을 앞으로 나아가지 못하게 만든다. 사실 막상 시작하면 별다른 일은 일어나지 않는다. 하지만 처음부터 너무 큰 성취를 꿈꾸고 갈망하기 때문에 오히려 행동으로 옮기지 못한다.

그래서 나는 작은 성취 연구 모임에서 이렇게 말한다. 목표는 높게 잡되, 행동과 실천은 반드시 작은 성취를 목표로 하라고. 매일 성장하려는 작은 행동이 쌓일 때 하루가 압축되고, 그 작은 성취들이 모여 결국 큰 성공으로 바뀌게 된다.

만화책을 보면서 행복을 느끼는 이유는 그 기본 포맷이 성장에 있기 때문이다. 주인공들은 역경과 고난을 겪으며 꾸준히 성장해 나간다. 만화가 완결에 가까워졌을 때 1권으로 돌아가 보면 작가의 그림체도, 스토리도, 캐릭터도 크게 달라져 있음을 알 수 있다. 매일 한 장 한 장을 그려 내며 쌓아 올린 작가의 작은 성취가 모여, 대중에게 기대와 행복을 주는 만화로 완성된 것이다.

삶도 마찬가지다. 하루만 놓고 보면 작은 성취는 보잘것없어 보일 수 있다. 그러나 1년 365일 꾸준히 쌓이다 보면, 결코 일어나지 않을 것 같던 거대한 성취가 우리 앞에 다가온다. 이때가 마치 가재가 껍질을 벗고 새로 태어나는 순간처럼, 우리 삶이 가장 크게 성장하는 시기다.

내가 운영하는 작은 성취 연구 모임은 한 달에 한 번 모인다. 금전적 대가는 전혀 없고, 그저 커피 한 잔 값만 내면 된다. 모임에서는 서로의 성장에 대해 이야기하고, 주식·배당금·부의 방법론·글쓰기·책 출간·육아 등 다양한 주제로 2시간가량 대화를 나눈다.

이 모임에는 특징이 있다. 숙제가 없다. 누군가 시키거나 준비해 와야 할 것도 없다. 단지 서로의 생각을 공유할 뿐이며, 실천은 각자의 몫이다. 나는 자기 주도 학습을 선호한다. 청개구리 심보가 있어서인지, 누가 시키면 더 하기 싫어지는 성향이 있다. 하지만 스스로 찾아서 해내면 성취감이 높고, 왜 해야 하는지에 대한 목적의식도 분명해진다.

아무리 좋은 방법을 백 번 들어도 스스로 행동하지 않으면 아무 의미가 없다. 다큐멘터리 속 바다거북이를 보라. 해안가에 알을 낳은 어미는 떠나 버린다. 시간이 흘러 부화한 새끼

거북이들은 어미의 보호를 받지 못한 채, 스스로 알을 깨고, 육지를 기어 바다로 향하며 수많은 천적을 피해 살아남아야 한다. 그렇게 스스로를 이겨 내고 버틴 거북이들만이 큰 성체로 자라 대자연의 바다를 마음껏 누빌 수 있다.

회사는 남의 것이고 내 것만이 살아남는다

내 시간당 자본소득이 높아지면서부터 회사에 소비되는 에너지와 시간이 아깝다는 생각을 하게 되었다. 부자가 된 사람이라면 누구나 겪는 과정일 것이다. 동료에게 "자본소득이 이제는 회사 월급을 넘어가서 5년 뒤엔 퇴사할 생각이야"라고 말하면, 대부분 이렇게 대답한다. "그래도 안정적인 월급을 두고 왜 퇴사해? 매달 꼬박꼬박 들어오는 월급이 얼마나 귀중한데." 부모님도, 지인도, 회사 동료도 똑같은 반응을 보인다. 나는 이것을 '회사원의 언어'라고 부른다. 회사라는 틀에 갇혀 월급에 안주하는 사고방식이다.

내가 퇴사를 계획한 이유는 단순하다. 에너지와 시간을 온전히 나에게 집중하고 싶어서다. 지금의 소득 구조는 이미 월급을 넘어섰지만, 정작 내 대부분의 시간은 회사에 잠식되어 있다. 아침 7시에 일어나 저녁 6시까지 일하고, 접대나 모임이 있으면 자정이 되어서야 집에 들어온다. 주 5일을 회사에 끌려다니며 살아가고, 내 에너지와 시간을 회사 업무에 쏟아부으니 집에 들어와서 화가 치밀 때가 많다.

글을 쓰고 싶어도 쓰지 못하고, 운동을 하고 싶어도 할 수 없다. 여행을 가려면 월차를 쪼개어 계획해야 한다. 나 스스로 정할 수 있는 게 아무것도 없다. 영업사원의 삶은 매출 압박이 상상을 초월한다. 하루 단위로 판매 보고를 해야 하고, 어떤 품목에 집중해야 하는지 매일 지시가 내려온다. 본부장 > 사업부장 > 팀장을 거쳐 영업사원에게 도달하는 압박은 숨 막힐 정도다.

이런 삶을 살다 보면 "오늘 하루를 과연 내 의지대로 살았나?" 하는 질문이 절로 나온다. 그래서 더더욱 내 삶을 온전히 살아가기 위해 소득 구조를 바꿔 나갔는지도 모른다. 그리고 글을 쓰면서 비로소 알게 되었다. 진짜 내 삶은 무엇인지, 그리고 어떻게 살아가야 하는지를.

나는 회사원이 되기 위해 태어난 사람이 아니다. 회사는 내 것이 아니며, 철저히 소유주의 것이다. 우리는 소유주로부터 내려오는 지시에 종속되어 월급이라는 속박에 갇혀 살아간다. 월급이 끊기면 마치 어두운 낭떠러지로 곤두박질칠 것처럼 주입된 틀 속에서 벌벌 떨며 살아왔다.

그러다 나는 퇴사를 결심했고, 블로그에 5년 뒤 퇴사 계획을 공개했다. 글을 쓰면서 깨달았다. 써야 행동으로 이어지고, 행동해야 삶이 바뀐다는 것을.

며칠 뒤 서점에서 구석에 꽂힌 책 한 권이 눈에 띄었다. 책 제목은 술딴 작가의 《대기업 때려치우고 동네 북카페 차렸습니다》였다. 지금 내 상황과 묘하게 맞아떨어져 나는 책을 집어 들었다.

책은 두껍지 않았고 술술 읽혔다. 작가의 진솔한 경험담 속에서 '퇴사 후의 삶이 이런 모습일 수 있구나' 하고 그려 볼 수 있었다. 술딴 작가 역시 나와 같은 영업사원 출신이었다. 롯데제과에서 국내·해외 영업을 두루 맡았지만, 진급에서 탈락하고 과중한 업무로 건강이 망가진 끝에 과감히 퇴사했다. 이후 동네에 북카페를 차렸으나, 처음에는 수익이 나지 않아 책을 쓰기로 결심했다고 한다. 지금은 카페를 운영하며 1년에 한 권의 책을 내는 것을 목표로 삼고 있다. 그는 부자는 아니지만, 회사에 끌려다니던 과거보다 훨씬 더 행복하다고 말한다. 술딴 작가와 나의 차이는 단 하나, 용기와 실행력이었다.

나는 책을 읽고 난 뒤 술딴 작가의 블로그에 내 상황을 이야기하며 만나고 싶다는 댓글을 남겼다. 이후 아이와 함께 파주출판단지를 둘러보다가 술딴 작가의 카페에 들렀다. 그 자리에서 나는 첫 책 출간을 준비 중이라고 말씀드렸고, 술딴 작가는 책이 나오면 꼭 다시 찾아와 선물해 달라고 했다.

카페에서 커피를 마시며 회사원의 삶, 퇴사를 결심해야 하는 이유, 그리고 진짜 나의 삶을 살아가는 여정에 대해 속 깊은 이야기를 나눌 수 있었다. 마지막에는 카페에서 판매 중인 술딴 작가의 책 한 권을 사서 사인까지 받을 수 있었다.

술딴 작가는 책에 이렇게 적어 주었다.

"회사는 남의 것이고, 내 것이 세상에 살아남습니다."

그 글귀를 보는 순간 울컥해 마음을 가라앉히기 힘들었다. '내 것이 세상에 살아남는다?'라는 의미를 곱씹어 보았다. 맞다. 책을 출간해 나만의 브랜딩을 만든다면 그것은 회사의 것이 아니라 온전히 내 것이다.

나는 마흔까지 과연 내 것을 지니며 살아왔던가? 지금까지는 어쩔 수 없이 회사원의 삶을 살아왔지만, 10년 뒤면 어차피 은퇴해야 한다. 그렇다면 은퇴 후 나는 무엇을 할 것인가? 그 해답은 술딴 작가가 남긴 말 속에 있었다. 내 것만이 세상에 살아남는다.

직장인으로서 준비하지 않는다면 은퇴 후에도, 지금 이 순간에도, 내 것은 아무것도 없다. 결국 누군가의 지시에 따라 죽을 때까지 일해야만 하는 삶을 벗어나지 못한다. 나는 지금 누군가의 꿈을 응원하며 살아가는 것일까? 아니다. 내 것을 만들어 갈 때 비로소 진정한 나로 살아갈 수 있다.

니체는 "자신의 오두막에 불을 질러라"라는 말을 남겼다. 이는 곧 현실에 안주하는 것을 멀리하라는 의미다. 우리는 안주하는 순간 나태해지고 변화에 둔감해진다.

이순신 장군 역시 명량해전에서 군막을 모두 불태우고 싸우다 죽겠다는 각오로 전장에 임했다. 등 뒤에 아무것도 남지 않자, 오히려 죽음의 길에서 살길이 열렸다. 내가 보아 온 직장인들의 가장 큰 적은 바로 월급이다. 매달 들어오는 월급은 변화를 가로막고, 안주하는 삶으로 이끈다. 당장 생활은 유지할 수 있지만, 다음 달이 되면 밀린 카드 값을 메꾸고 또다시 카드 할부로 버티며 똑같은 패턴을 반복한다. 미래가 걱정되지만 변화는 두려워 그대로 머물러 있는 삶, 그것이 직장인의 현실이다.

나 역시 5년 전 주식 투자에서 크게 실패했지만, 그날을 계기로 내 삶의 오두막에 불을 질렀다. 모든 것이 사라진 자리에 오히려 새로운 생각의 도전이 싹트기 시작했다. 그 순간부터 나는 부자의 길을 향한 목표를 세웠고, 이전의 나태했던 삶을 끊어 내며 새로운 삶으로 들어설 수 있었다.

직장인이 부자가 되기 위해서는 먼저 월급에 안주하는 삶을 끊어 내야 한다. 그제야 변화와 새로운 길을 모색할 수 있다.

Step 2.

부자들의 2가지 공통점

부자가 되기를 꿈꾸는 젊은이들에게 나는 종종 이런 질문을 던진다.

"돈과 시간 중 어떤 것을 선택하겠습니까?"

그러면 100명 중 99명은 주저 없이 "돈"이라고 대답한다. 그러나 이는 잘못된 선택이다. 부자가 되려면 반드시 '시간'을 선택해야 한다. 그러나 많은 사람이 처음부터 잘못된 목표를 향해 달려가기에, 오히려 부와는 점점 멀어진다. 그래서 부자가 되는 길은 제한적일 수밖에 없고, 수많은 이들이 도전하지만 출발선에서부터 반대 방향으로 뛰어가 결국 부의 길에 오르지 못한다.

나 역시 부자가 되겠다고 결심한 뒤, 부와 관련된 서적을 수없이 읽고 삶에 적용하면서 부의 길로 들어섰다. 그 과정에서 분명하게 느낀 점이 있다. 부의 길에 들어서면 2가지 특징이 보인다는 것이다.

첫째, 돈이 전부가 아니라는 깨달음이다. 시간을 압축해 살아갈 때, 돈은 시간에 비례해 자연스럽게 따라온다. "돈을 쫓지 않을 때 오히려 돈이 들어온다"라는 옛말이 괜히 생긴 것이 아니다. 어르신들의 말씀은 틀리지 않았다.

그렇다면 왜 돈을 목적지로 설정하면 안 되는 것일까?

4퍼센트의 벽을 허물어라

기본 종잣돈이 없는 사회 초년생에게 세상은 그야말로 함정 투성이다. 각종 뉴스와 소셜미디어 속 사람들의 모습은 모두가 부자인 것처럼 보인다. 해외여행을 다니고, 오마카세를 즐기며, 투자 수익 인증을 올린다. 하지만 이는 대부분 허구다.

현실은 냉정하다. 현재 약 2,000만 명의 직장인 중 월급을 제외하고 연 2,000만 원 이상 부수입을 올리는 사람은 60만

명, 즉 4퍼센트도 되지 않는다. 여기서 말하는 부수입이란 월세, 배당금, 주식 투자, 투잡 등 직장 이외에서 발생하는 수익을 뜻한다. 다시 말해 연 2,000만 원 이상 부수입을 벌어들이는 것은 결코 쉽지 않다.

그렇다면 반대로 생각해 볼 수 있다. 지금 나의 소득 구조가 오직 노동소득에만 의존한다면, 애초에 부자가 될 길은 막혀 있는 것이나 다름없다. 따라서 어렵더라도 금융 공부를 악착같이 하면서 연 2,000만 원 이상의 부수입을 만들어 내고 4퍼센트 안에 들어가는 것, 이것이 부자가 되는 첫 관문이다.

직장인으로서 부자가 되고 싶다면, 1단계는 바로 이 4퍼센트의 벽을 허무는 데서 시작해야 한다.

부자들이 공통으로 강조하는 첫 번째 목표는 1억 원을 모으는 것이다. 월급만으로 도달할 수도 있고, 투자와 병행해 기반을 다질 수도 있다. 사회 초년생이라면 반드시 이 1억 원이 1차 목표가 되어야 한다.

하지만 문제는, 돈을 좇다 보면 무리한 투자를 하게 된다는 점이다. 적은 시드로 빨리 1억을 만들고 싶기 때문이다. 예를 들어, 주식 투자로 1,000만 원을 1억으로 만들려면 자산을 10배 불려야 한다. 단기간에 10배를 올릴 방법은 결국 변동성이 극심한 자산, 즉 테마주·코인·선물·옵션 같은 위험한 수단뿐이다.

요컨대, 처음에는 돈보다 시간을 우선순위에 두어야 한다. 노동과 투자 연습을 통해 천천히 1억을 모으고, 기반을 탄탄히 쌓아야 한다.

사회 초년생에게는 시간이 충분하다. 설령 5년이 걸리더라도 1억을 목표로 삼아야 한다. 그리고 그 과정에서 자산의 30퍼센트 정도만 투자해 실력을 쌓고, 장기적으로는 1억을 10억으로 키울 수 있는 투자 구조를 설계하는 연습을 해야 한다.

"세 살 버릇 여든까지 간다"는 말처럼, 처음부터 돈만 좇다 보면 종잣돈을 모은 뒤에도 같은 습관이 발목을 잡을 수 있다. 또한 부자가 되는 방법은 결코 투자만 있는 것이 아니다. 그럼에도 돈을 좇아 단기 투자에 모든 시간과 에너지를 쏟아붓는 사회 초년생들을 나는 너무 많이 보았다.

시간의 간절함

세상은 빠르게 변하고, 수익화할 수 있는 수단도 점점 많아지고 있다. 그리고 이 모든 것은 하나로 연결되어 결국 돈이 돈을 벌어들이는 구조를 만든다.

예를 들어 책을 출간하면 퍼스널 브랜딩이 이루어진다. 인스타그램, 유튜브, 블로그를 운영하면서 또 다른 수익 창출 구조를 만들어 낼 수 있다. 여기에 배당금, 월세, 상가 투자까지 더해지면 돈은 여러 루트를 통해 흘러들어 온다. 유튜브로 인지도가 높아지면 자연스럽게 브랜드가 만들어지고, 이를 바탕으로 책을 쓰면 영향력은 더욱 커진다. 만약 투자 관련 유튜브라면 수익은 걷잡을 수 없이 늘어날 수 있다.

결국 중요한 건 돈에 매이지 않고 시간을 효율적으로 사용하는 것이다. 내 삶을 성장의 관점에 두고 탄탄하게 나아간다면 여러 가지 수익 구조가 융합되어 부의 길로 들어서게 된다. 시간을 효율화하면 1년을 3년처럼 살 수 있다. 어떤 이는 부의 함정에 빠져 1년을 3개월처럼 살아가며, 결국 아무것도 남지 않는 삶을 산다. 그러나 1년을 3년처럼 압축해 산다면, 남들보다 10배 가까운 성과를 낼 수 있다.

즉, 돈보다 시간이 우선이다. 시간을 효율화했을 때 비로소 부의 길로 들어설 수 있다. 부의 길에 들어서면 돈보다 시간이 훨씬 더 절실하고 아깝게 느껴진다. 단 1분도 허투루 보내고 싶지 않다. 하루를 충실히 살아간다면 뒤돌아보았을 때 돈은 자연스럽게 따라온다.

이것이 바로 부자들이 공통으로 느끼는 점이다. 시간의 간절함, 그것이 부자가 되었을 때 비로소 깊이 깨닫게 되는 감정이다.

부자의 언어

두 번째는 부자의 언어가 들리기 시작한다는 것이다. 나는 부자가 되기로 결심한 뒤 부와 관련된 서적을 독파하기 시작했다. 단순히 읽는 데 그치지 않고, 삶에 적용하며 루틴화 과정을 통해 체화시켜 나갔다. 그 결과 1년 동안 세 권의 책을 집필해 세상에 내놓을 수 있었고, 소득은 월 2,000만 원 이상으로 늘어났다. 그리고 지금도 소득 구조의 성장은 점점 더 빨라지고 있음을 체감한다.

부의 길에 들어서면 부자의 언어가 들리기 시작한다. 그 이유는 내가 실제로 부자의 행동을 하고 있고, 소득 구조 또한 부자들이 추구하는 구조로 바뀌어 가고 있기 때문이다. 반대로 부와 관련된 책을 읽고 노력하고 있지만 부자의 언어가 들리지 않고 삶이 나아지지 않는다면, 그것은 루틴화와 체화가 이루어지지 않았기 때문이다. 도전은 하지만 방법과 방향이 잘못된 것이다.

어떤 사람이 1년에 부와 관련된 책을 100권 읽었다고 말한다고 하자. 과연 1년 만에 100권을 제대로 읽을 수 있을까? 아마도 겉핥기식으로 숙제하듯 읽었을 가능성이 크다. 그런 방식으로는 결코 내 몸에 체화되지 않는다. 루틴화를 체화 단계까지 이끌어 가려면, 부자가 강조하는 중요한 지점에서 멈추어 내 몸에 새겨질 때까지 반복 실천해야 한다.

예를 들어 시각화를 통해 1억을 기본값으로 설정하고, 목표를 50억으로 잡는다고 하자. 그렇다면 "어떻게 50억을 벌 수 있을까?", "몇 년 안에 도달할 수 있을까?"를 구체적으로 계획해야 한다. 투자로 10년 안에 도달하겠다는 계획을 세운다면, 투자 외에 또 다른 방법은 없는지 탐색해야 한다. 책을 출간하거나, 블로그와 카페를 개설하고, 유튜브를 운영하며 수익 창출 구조를 늘려가는 목표를 세워야 한다.

이 단계까지 도달했다면, 목표와 실행 방법을 눈에 잘 띄는 곳곳에 붙여 놓아야 한다. 화장실, 자동차, 독서대 등 매일 시선이 닿는 곳에 두는 것이다. 특히 가장 효과적인 방법은 글쓰기와 책 출간이다. 나 역시 부자들의 성공 조건 중 하나가 책 출간이라는 이야기를 듣고 도전해 보았다.

체화에 이르면 성공은 더 이상 선택이 아니라 필연이 된다. 돈의 흐름이 보이고, 어떤 일이든 압축해서 해낼 수 있는 능력이 생긴다. 스스로 부의 길 위에 서 있다는 것을 알게 된다. 왜냐하면 이미 대중보다 몇 단계 앞서 세상을 바라보고 있기 때문이다.

그렇다면 왜 부자의 언어가 들리기 시작할까? 부자들은 이미 체화 단계를 넘어 세상을 통찰하는 눈을 갖추었기 때문이다. 이때부터는 마치 자전거 가속 페달을 밟듯, 부자의 언어와 행동을 신뢰하게 되고, 나 자신을 믿게 된다. 루틴화와 체화를 다방면으로 확산해 내 삶에 적용하면서 자연스럽게 신이 나고, 시키지 않아도 부자들의 언어와 행동을 습득해 체화시킬 수 있다. 결국 모든 부자의 언어가 들리게 된다.

만약 지금 부를 간절히 바라며 행동하고 있지만 여전히 부자의 언어가 들리지 않는다면, 잘못된 길을 걷고 있을 가능성이 크다. 지금 당장 방향을 수정하고, 단 하나라도 루틴화와 체화의 과정을 직접 겪어 봐야 한다. 거기서부터 모든 것이 시작된다.

Step 3.

부의 사이클 5단계

과거 나는 이미 월 1,000만 원의 소득 구조를 갖추고 있었다. 하지만 이상하게도 더 이상 앞으로 나아가지 못했다. 계획을 세우고 목표를 향해 달려가도 늘 80퍼센트 지점에서 실패하곤 했다. 꾸준히 하는 것이 내 장점이었지만, 반복되는 좌절 앞에서 지칠 수밖에 없었다. 누구보다 부자가 되고 싶었고, 자본주의라는 피라미드 사회에서 돈으로 시간을 사는 시간적 자유, 경제적 자유를 꿈꿨지만 세상은 쉽게 부의 길을 열어 주지 않았다.

나는 늘 스스로에게 물었다. 왜 80퍼센트 지점에서 멈춰 섰을까? 왜 실패했을까? 그리고 지금은 어떻게 성공할 수 있었을까?

현재 나는 여러 파이프라인을 만들어 월 2,000만 원의 자본소득을 얻고 있다. 돈이 돈을 벌어들이는 구조를 갖추면서 소득은 점점 더 빠르게 늘어나고 있다. 과거 80퍼센트를 넘어서지 못한 근본 원인을 찾아내고, 그것을 보완해 삶에 적용하자 모든 것이 달라졌다.

지금 내 소득 구조는 월급, 주식 투자, 배당금, 출간 인세, 애드포스트까지 다양하다. 과거에는 월급과 주식 투자에만 의존했지만, 이제는 부의 사이클 5단계를 이해하고 삶에 적용하면서 출간까지 성공했고, 투자 수익 구조도 안정화되었다. 덕분에 부의 가속도는 더욱 빨라지고 있다.

여기까지 오면서 깨달은 점은 부에 이르는 방법에 정해진 루트가 있다는 것이다. 이른바 부의 사이클 5단계다. 그 과정을 하나씩 밟아 나가면 누구나 부의 길에 들어설 수 있다.

부의 사이클 5단계를 넘어갈 때마다 부를 얻을 확률은 점점 높아진다. 그리고 시간 레버리지의 단계에 이르렀을 때 우리는 0.1퍼센트의 삶, 부자의 삶을 살아갈 수 있다.

1단계 인지 : 생각만 하고 행동으로 연결되지 않는 단계

인지 단계는 말 그대로 공상으로 끝나는 단계다. 예를 들어 나는 아이를 키우는 가장이다. 월급만으로는 노후 준비도, 미래도 불안하다. 물가는 오르고, 기존 월급으로는 아이들 먹이기도 빠듯하다. 그래서 자본주의 기본서라 불리는 《부자 아빠 가난한 아빠》를 읽어 보지만 자신은 그 책 속의 가난한 아빠라는 사실을 깨닫는다. 매일 시간을 갈아 넣고 몸을 혹사하며 야근과 대리운전을 해도, 늘 빠듯하기만 하다. 돈에 쫓기다 보니 아이들에게는 하지 말라는 말을 더 많이 한다.

책을 읽고 '부자 아빠가 되어야겠다'고 인지는 했다. 하지만 안타깝게도 그것은 행동으로 이어지지 않는다. 집에 들어오면 녹초가 되어 늘 다음으로 미루게 된다. 결국 가난한 아빠는 "될 대로 되라지"라는 마음으로 살아가게 된다.

이것이 바로 인지하고도 행동으로 연결되지 않는 사람들의 특징이다. 그들에게는 공통적인 변명이 있다.

"해 본 적이 없는데 어떻게 해요?"

"시간이 없어요."

"투자할 자본이 없어요."

가난한 습관과 마인드에서 비롯된 대답이다. 현실을 인정하지 않고 배우려 하지 않는다면, 결코 다음 단계인 행동으로 넘어갈 수 없다. 그렇게 평생 쳇바퀴 돌 듯 반복되는 삶을 벗어나지 못하는 것이다.

2단계 행동 : 변화의 초석이 이루어지는 단계

대부분은 행동 단계로 넘어오지 못하고 생각만 하다 끝난다. 현재가 불안하고, 미래가 막막하다면 반드시 변화해야 한다. 그것도 언젠가가 아니라 즉시 행동으로 연결할 때 성공 가능성은 커진다. 흔히 말하는 72 대 1 법칙이 있다. 72시간 안에 행동하지 않으면, 성공 확률은 1퍼센트도 기대하기 어렵다는 것이다. 그러나 내가 느낀 점은 72시간조차 너무 길다는 것이다. 작은 행동이라도 즉시 실천해야 한다.

목표를 세웠다면 당장 계획 4분법을 그려 보고, 그 목표를 글로 적어야 한다. 살을 빼고 싶다면 집 앞에 나가 단 5분이라도 걸어야 한다. 그렇게 인지 단계에서 행동 단계로 넘어가려면 습관을 바꾸는 것이 중요하다.

부자가 되는 습관을 하나하나 몸에 새겨 넣어야 한다. 그리고 그것을 반드시 즉시 행동으로 연결해야만 다음 단계로 넘어갈 수 있다.

3단계 루틴화 : 행동이 습관이 되는 단계

시간과 에너지를 이해하고 즉시 행동에 옮겼다면, 이제는 루틴의 단계로 넘어가야 한다. 나는 작년에 블로그를 개설하고 매일 포스팅을 올리기 시작했다. 회식이 있는 날에는 올리지 못한 적도 있었지만, 그럴 때는 시간을 내어 두세 개를 한꺼번에 올리며 1년 이상 꾸준히 이어 갔다.

하루 한 편 글을 쓰는 일이 왜 어려운가? 이유는 간단하다. 재료와 아이디어가 금세 고갈되기 때문이다. 게다가 글 한 편을 쓰려면 1시간 가까이 분석과 정리가 필요하다. 직장을 다니며 병행하기란 결코 쉽지 않았다. 포기하고 싶었던 순간도 한두 번이 아니었다. 그사이 함께 시작한 대부분의 블로거들은 이미 글쓰기를 멈췄다. 차이는 바로 여기서부터 벌어진다.

나는 당장 돈이 되지 않더라도 글쓰기를 통해 무형의 자산이 쌓이고 있다고 생각했다. 책 출간을 목표로 삼았고 실제로 출간에도 성공했다. 사람들이 생각하는 것처럼 인세가 많지는 않다. 월 100만 원 정도 들어올 뿐이다. 하지만 글을 쓰고 책을 출간하면서 내 가치는 무한대로 확장되었다. 이후 꾸준히 글을 쓰자 애드포스트 광고가 붙었고, 추가 수익이 생겼으며, 내 글이 상단에 노출되기 시작했다. 책 홍보 효과까지 더

해져 더 많은 사람들이 내 글을 접할 수 있었다.

물론 행동을 루틴화한다고 해서 곧바로 성공이 보장되지는 않는다. 하지만 성공한 사람들이 공통적으로 말하듯, 성실한 사람은 지금 성공하지 못했을 뿐 언젠가는 반드시 성공한다. 단, 목표를 명확히 세우고 루틴화해야 한다. 남에게 보여 주기 식이 아니라, 자본과 연결된 성장에 초점을 두고 매일 꾸준히 루틴화해야 상위 10퍼센트 안에 들어갈 수 있다.

대부분은 이 단계에서 포기한다. 루틴화 단계에서 포기하면, 이후의 모든 도전에서 '또 포기하지 않을까' 하는 두려움이 생겨 새로운 루틴을 만들어 가기 어려워진다.

4단계 체화 : 통찰력이 완성되는 단계

루틴화 단계는 우물을 파는 과정이고, 체화 단계는 마침내 우물에서 물이 콸콸 솟아나는 순간이다.

꾸준히 하는 힘을 길렀다면, 이제는 체화 단계에 이르기 위해 노력해야 한다. 예를 들어 대중 앞에서 강의하는 일은 매우 어렵다. 매일 글을 쓰고 연습을 해도 막상 입 밖으로 내 생각을 정돈해 말하기란 쉽지 않다. 몸이 긴장하면서 생각의 회로가 얽히기 때문이다. 이것은 곧 체화되지 않았기 때문에 발생하는 현상이다. 루틴화를 거쳤지만 체화 단계에 도달하지 못했으니 긴장하고 버벅거리게 되는 것이다.

이러한 상황을 마주하면 트라우마가 생기고, 다음부터는 그 자리를 피하고 싶어진다. 체화 단계로 넘어가지 못하고 스스로 현장에서 도망쳐 버린다. 그러나 나는 이제 그런 상황에서도 당황하지 않는다. 스스로에게 이렇게 묻는다. "아직 루틴화 단계에서 벗어나지 못한 거야. 누구나 실수할 수 있지. 처음부터 잘하는 사람은 없어." 맞는 말이다. 누구도 처음부터 바로 체화 단계로 들어설 수는 없다. 엄청난 시간을 루틴에 쏟아부어야만, 비로소 내가 몰랐던 새로운 나를 발견할 수 있다.

한 가지 예를 더 들자면, 루틴화를 자본과 연결하는 것이 가장 효과적이다. 나는 주식 투자 전문가로서 매일 주식 시황을 살펴보고 글을 올린다. 10년 이상 꾸준히 이 과정을 반복하다 보니 이제는 그것이 몸에 체화되어 버렸다. 경제 상황에 변수가 생기면 해석과 대응에 걸리는 시간이 단 1분에 불과하다. 루틴이 되다 보니 빠르게 통찰해 낼 수 있게 되었다. 보지 않아도 예측이 가능해지는 단계다. 만약 체화되지 않았다면, 경제 상황을 분석하고 판단하는 데 훨씬 긴 시간이 걸렸을 것이다. 워런 버핏이 대표적인 예다. 그는 수십 년간의 루틴화와 체화를 통해 누구보다 빠르게 경제의 흐름을 통찰할 수 있는 눈을 갖게 되었다.

5단계 시간 레버리지 : 삶의 효율이 대중과 10배 차이 나는 단계

가장 중요한 것은 시간 레버리지의 단계다. 앞서 말했듯, 부의 사이클 5단계를 각각의 방법론과 연결해야 한다. 한 가지만으로 모든 것을 이룰 수는 없다. 예를 들어 목표를 100억으로 설정했다면, 그 100억에 도달하는 구체적인 구조를 설계해야 한다. 주식 투자로 만들 것인지, 부동산 투자로 만들 것인지, 10년 안에 도달할 것인지, 아니면 20년 안에 도달할 것인지. 목표를 세웠다면 행동·시간·에너지·목표를 모두 부의 사이클 5단계에 적용해야 하고, 루틴과 체화 단계까지 연결해야 한다. 그렇게 되었을 때 비로소 마지막 시간 레버리지의 단계로 들어간다.

옛말에 "똥을 굳이 찍어 먹어 봐야 맛을 알 수 있을까?"라는 말이 있다. 굳이 해 보지 않아도 결과는 뻔한 일이라는 의미다. 장사로 비유하면 소득 구조가 보이지 않는 꽈배기나 호떡 장사, 혹은 퇴사 후 치킨집 창업처럼 뻔한 길을 택하는 경우와 같다. 다른 길을 몰라 어쩔 수 없이 들어서는 것이다. 하지만 역량과 통찰력을 키우면 애초에 소득 구조가 보이지 않는 장사는 선택하지 않는다.

주식 투자도 마찬가지다. 버블 구간에 들어가 투자하면 큰 손실을 볼 수밖에 없다. 그러나 손실이 발생하기 전에 공부를 통해 체화 단계에 들어섰다면, 버블 구간에서는 투자하지 않는 판단을 하고, 오히려 기회의 구간에서 투자하는 선택을 할 수 있다. 워런 버핏이 그 대표적인 예다. 시간 레버리지 단계란 이렇게 지금까지 루틴화했던 부와 관련된 일련의 과정을 하나로 시냅스처럼 연결해 통찰하는 것이다. 그 단계에 들어서면 가만히 서 있어도 모든 것을 꿰뚫어 볼 수 있게 된다.

시간 레버리지 단계에서는 통찰을 통해 시간을 압축할 수 있다. 이 단계는 시간을 타인보다 10배, 100배 효율적으로 쓰게 하며, 그 결과 시간에 비례해 기하급수적으로 돈이 불어난다. 핵심은 여기에 있다. 시간 레버리지 단계에서 자본을 연결해야 한다. 선택은 간결해지고, 시간의 효율 속에서 돈은 자연스럽게 따라 들어온다.

결국 부의 사이클 5단계를 지금 하고자 하는 일과 연결해야 한다. 그리고 각 단계를 체화할 때 비로소 압축의 삶을 살 수 있다. 죽기 전에 압축의 삶에 도달해 0.1퍼센트의 기분을 느껴 보고 싶지 않은가?

■ **부의 사이클 5단계**

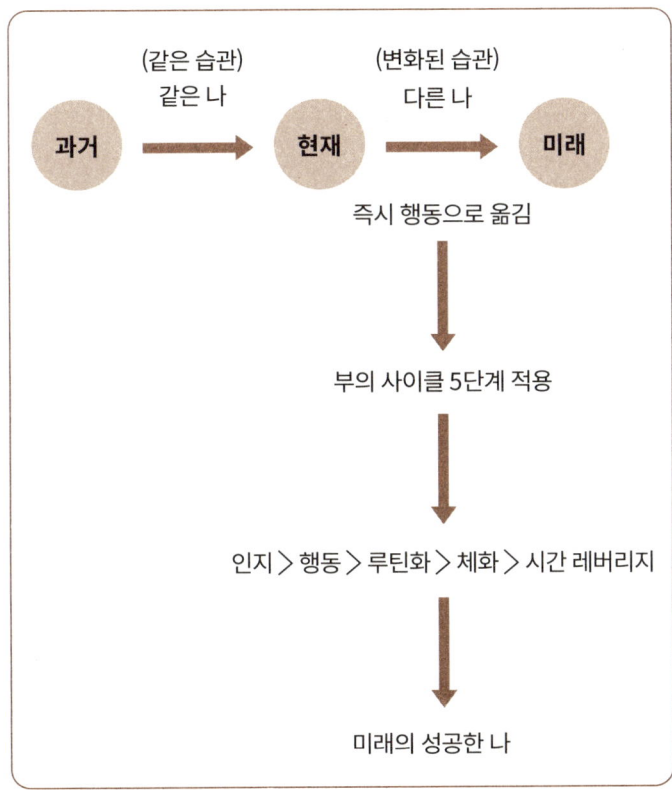

5부

부의 그릇

돈만 좇는다면 불행은 필연이다

돈만 좇는다면 불행 그 자체다. 건강보다 상위 개념은 세상에 존재하지 않는다. 몸과 정신이 조화를 이루고, 삶의 태도가 올바라야 진정한 부의 그릇이 완성된다.

건강보다 상위 개념은 없다

나는 제약회사에서 영업사원으로 일하고 있다. 제약업에는 종합병원, 의원, 약국, 도매 영업이 있는데, 나는 그중 약국 영업을 담당한다. 총 160개 약국을 관리하며, 160명 이상의 고소득 약사들을 만나 판매하는 것이 내 일이다. 그런데 아이러니하게도, 건강을 다루는 직업임에도 정작 본인들의 건강을 제대로 챙기지 못하는 약사들을 자주 보게 된다.

특히 기억에 남는 두 분이 있다. 한 분은 올해 78세로 지금도 왕성히 활동 중이고, 다른 한 분은 안타깝게도 지난해 55세의 나이에 세상을 떠났다. 78세 약사님과는 종종 점심을 함께

하는데, 그때마다 삶의 중요한 가치를 들려주신다. "시간은 되돌릴 수 없으니 현재를 충실히 살아야 합니다. 젊었을 때 건강을 챙기고, 가족과 행복한 시간을 보내는 것이 무엇보다 중요해요. 돈만 좇아서는 안 됩니다."

그 말씀처럼 약사님은 지금도 철학이 분명하다. 78세라는 나이가 믿기지 않을 정도로 활력이 넘치며, 등산을 다닐 정도로 체력은 오히려 마흔인 나보다 더 좋아 보인다. 1년에 세 번씩 혼자 여행을 떠나고, 맛있는 음식을 즐기며, 사람들을 자주 만나고, 운동도 꾸준히 하신다.

젊었을 때부터 여행을 다니고 건강을 관리하라는 조언, 그리고 지나간 시간은 돌아오지 않는다는 말씀은 내 마음에 깊이 남는다. 나이 차이가 있음에도 함께하는 식사는 언제나 즐겁고, 무엇보다 '건강이 우선'이라는 삶의 진리를 몸소 실천하는 모습에서 큰 가르침을 얻는다.

진정한 의미의 부

작년에 세상을 떠나신 약사님도 있다. 12년 동안 거래하며 이런저런 이야기를 나누는 사이에 정이 들었던 분이었다. 내 기준에서 그분은 부자라기보다는 '일에만 매달린 사람'이었다. 아침 9시에 문을 열어 밤 10시까지, 1년 365일 쉬지 않고 약국을 운영했다. 그렇게 성실히 일했으니 돈은 당연히 많았다. 주위 영업사원들 사이에서는 약국 건물도 그분의 소유라는 소문이 돌았고, 그 가치만 50억 원은 족히 넘어 보였다.

그러던 어느 날, 믿기지 않는 부고 문자가 왔다. 약사님이 심근경색으로 갑자기 세상을 떠났다는 소식이었다. 불과 며칠 전까지 멀쩡히 대화를 나눴는데, 저녁에 갑자기 쓰러져 손쓸 겨를도 없이 돌아가신 것이다. 충격과 안타까움이 컸다.

돌이켜 보면, 약사님의 삶에는 '일'밖에 없었다. 운동과는 거리가 멀었고, 여행은 평생 두 번 정도뿐이었다. 특히 마흔 이후로는 약국 문을 닫고 떠난 적이 없다고 했다. 주말에 가족과 보내는 시간은 당연히 없었다. 약국에서 나누는 대화에서도 특별한 목표나 비전은 보이지 않았다. 그저 365일 약국 문을 여는 것이 업이자 숙명인 듯 살아오셨다. 그러나 결국 그 끝에는 삶이 아닌 죽음만이 기다리고 있었다. 고작 55세, 너무도 젊은 나이에 생을 마감한 것이다. 남은 것은 건물과 자산뿐, 그것은 곧 가족의 몫이 되었다. 정작 본인은 누리지 못한 채 떠나 버렸다.

누굴 위한 '부'였는지 묻지 않을 수 없다. 두 약사님의 삶을 비교하며 나는 확신하게 되었다. 본보기로 삼아야 할 삶은 건강을 관리하며 노후에도 튼튼한 두 다리로 등산을 다니고 여행을 즐기는 78세 약사님의 삶이라는 것을. 결국 튼튼한 두 다리가 있어야만, 평생 모아온 부의 그릇에서 돈을 꺼내 쓰며 진정한 의미의 행복을 누릴 수 있다.

하루 30분의 루틴

나만의 부의 그릇을 찾아가는 길은 결코 순탄치 않다. 하지만 힘든 과정 속에서도 반드시 지켜야 할 2가지가 있다. 바로 행복과 건강이다. 이 둘을 챙기지 않는다면, 설령 나만의 부의 그릇을 완성하더라도 결국 후회하게 될 것이다. 그래서 우리는 부의 그릇 이후의 삶까지 미리 생각해야 한다. 그 삶을 제대로 누리기 위해서는 과정 속에서 건강 관리가 필수적이다.

많은 부자들의 루틴에는 '운동'이 있다. 하루 30분이라도 운동을 꾸준히 습관화한다. 그들은 잘 알고 있다. 돈이 아무리 많아도 건강을 잃으면 아무 소용이 없다는 것을. 천억 원을 가지고 있어도 암에 걸려 한 달조차 버티지 못한다면 그 돈은 무의미해진다.

  따라서 부의 그릇 이후의 삶을 건강하고 행복하게 꾸려가며, 그 안에 담긴 돈을 의미 있게 쓰기 위해서는 무엇보다 건강을 최우선으로 삼아야 한다. 지금 도전하는 과정 속에서도 하루 30분은 반드시 건강을 관리하는 시간으로 비워 두어야 한다. 건강보다 더 높은 가치는 세상에 존재하지 않는다. 이 사실을 되새기며, 부의 그릇 이후의 삶을 건강이라는 토대 위에서 다시 그려 보아야 한다.

하루하루가 축제다

개그맨 신동엽은 연예계에서도 자신만의 철학이 뚜렷한 인물로, 많은 사람들에게 긍정적인 영향력을 전해 왔다. 하지만 그는 과거, 자신만의 부의 그릇이 산산이 깨져 인생의 밑바닥을 경험한 뒤에야 행복이 따로 있지 않음을 깨달았다고 고백했다.

신동엽은 한때 엔터테인먼트 회사를 설립해 유재석, 노홍철, 김용만 등을 영입했으나, 대주주였던 동업자가 지분 55퍼센트를 다른 곳에 넘기면서 경영권을 잃었다. 이후 신발 사업에도 도전했지만 결과는 참담했다. 소문에 따르면 빚이 100

억 원에 달했다고 한다. 그는 삶의 정점과 바닥을 모두 경험한 뒤, 최근 방송에서 이렇게 말했다.

"살면서 인생의 고점도 찍어 보고, 바닥도 찍어 보니까 결국 행복은 무탈한 게 최고더라고요. 아무 일도 일어나지 않는 것, 그냥 조금씩 성장해 나가는 게 행복이에요. 삶이 오르락내리락하면 불안하고 걱정되더라고요. 행복은 무탈하게 지낼 때 우리 주변에 있는 거예요."

살다 보면 과거의 두려움과 미래의 걱정이 시계추처럼 흔들리며 우리의 마음을 오간다. 돈이 많을 땐 나태해지고, 돈이 없을 땐 간절해진다. 인생은 이렇게 두려움과 걱정, 나태함과 간절함 사이를 오가며 늘 불안정하다. 그렇기에 삶은 고통스럽다고 말한다. 하지만 만약 시계추의 양 끝을 내가 통제할 수 있다면 어떨까? 바로 그 중간 지점에 행복이 머무른다. 두려움과 걱정, 나태함과 간절함이 사라진 그 균형의 순간, 우리는 하루하루를 인생의 축제로 살아갈 수 있다.

기대치를 낮추고 꾸준히 성장하기

나만의 부의 그릇에 도달했다고 해서 모든 것이 끝난 것은 아니다. 오히려 그때부터 두려움과 걱정, 나태함이 다시 찾아올 수 있다. 아무것도 하지 않고 멈춰 서 있으면, 내 몸과 마음 구석구석이 서서히 녹슬어 버릴지도 모른다. 그렇다면 부의 그릇 이후에도 매일 행복을 만들어 낼 방법은 무엇일까? 그 해답은 바로 '꾸준한 성장'이다.

기계도 멈춰 있으면 녹슬어 쓸모없어지듯, 삶 역시 마찬가지다. 부의 그릇을 찾았다고 그 자리에 멈춰 서면 내 그릇은 점점 빛을 잃고 나태함이 스며든다. 걱정 또한 내 삶을 잠식한다. 반대로 내면을 단단히 다지고 하루하루 조금씩 성장한다면, 나의 부의 그릇은 더욱 탄탄해지고 광택을 내며 빛날 수 있다. 부의 그릇에 도달했다는 것은 끝이 아니라 새로운 시작이다.

나 역시 과거에는 실패에 대한 두려움과 미래에 대한 걱정으로 늘 불안에 시달렸다. 성과가 있으면 나태해졌고, 성과가 없으면 간절함에 매달렸다. 하지만 지금은 다르다. 작은 목표를 세우고 매일 조금씩 성장하겠다고 마음먹으니, 시계추처럼 양 극단을 오가던 불안이 대부분 사라졌다. 1년 365일 완전히 없어지진 않지만, 이제는 훨씬 줄어들었다. 기대치를 낮추고 내 삶에 집중하니 하루하루가 행복하다.

타인과의 비교를 끊고 오롯이 내 삶에 집중할 때 비로소 진정한 삶의 축제가 시작된다. 우리를 고통 속으로 몰아넣는 시계추의 양 끝을 잘라낼 수 있다면, 그 순간부터 매일매일 행복이 눈앞에 드러난다. 우리는 나만의 부의 그릇을 찾아가는 과정에서도, 또 그 이후에도 꾸준한 성장을 통해 마음에 부를 채우고 하루하루 행복한 나를 만들어 가야 한다.

> **TIP**
>
> ### 작은 성취를 쌓아라
>
> 중간 지점이 없다고 생각하지 말자. 반드시 있다. 내가 직접 느껴 본 바로는, 매일 행복을 느끼는 지점은 조금씩 성장하며 작은 성취감을 맛보는 데 있다. 무의식적으로라도 하루하루를 충실히 살아가다 보면, 눈에 잘 보이지 않는 작은 성취들이 쌓이고, 그것이 시간이 지남에 따라 복리처럼 불어나 삶을 변화시킨다. 그 지점에 도달한다면 분명 자신만의 부의 그릇을 찾게 될 것이다. 그리고 그 과정은 물론, 부의 그릇 이후의 삶까지도 매일이 축제가 될 것이라 확신한다.

나만의 철학은 최고의 무기다

"남 눈치 보지 말고 나만의 색깔을 찾으세요. 당신은 소중한 사람입니다." 과거 혜민 스님의 이 말은 여전히 큰 울림을 준다. 자신만의 뚜렷한 무언가를 보여 주려면 결국 자기 색깔이 필요하다. 피카소도 라파엘을 뛰어넘는 것을 목표로 삼았지만, 결국 "아이처럼 그리기 위해 평생을 바쳤다"라고 고백했다. 미술, 음악, 체육 등 각 분야에서 이름을 남긴 사람들의 공통점은 분명하다. 자신만의 철학이 확고했다는 것이다. 그들도 처음에는 타인을 따라 했을지 모르지만, 최종적으로는 자신만의 색깔과 철학을 세상에 내보였다. 대중은 그 독특함과 신선함에 열광했다.

부의 길도 다르지 않다. 초입에 들어설 때는 두렵고 서툴다. 한 치 앞도 보이지 않는 길을 혼자 걸어간다면 눈을 가린 채 걷는 것과 같다. 그래서 초입에서는 멘토를 섬기고, 책을 읽고, 질문하며 배워야 한다. 먼저 부의 길에 도달한 이들의 경험과 철학을 흡수하면 시행착오를 줄일 수 있다.

하지만 거기서 멈춰서는 안 된다. 타인의 철학을 흡수하고 체화한 뒤에는 그것을 바탕으로 나만의 철학을 재정립해야 한다. 부에 이르는 길은 무수히 많다. 중요한 것은, 성공한 이들의 길을 참고하되 그대로 답습하지 않고 자신만의 철학으로 빚어 내는 것이다. 부의 최종 단계는 단순히 남을 따라가는 삶이 아니다. 이제는 내가 내 삶을 살아가며, 다른 이들이 내 발자취를 따라올 수 있게 만드는 것이다.

내 생각에 옷을 입혀라

처음 부의 길에 들어섰을 때, 나는 동기 부여 영상을 보며 가슴에 불꽃을 일으켰다. 3명의 멘토를 섬기며 그들의 성공 발자취를 따라갔고, 수많은 책을 읽으며 성공의 방법론이 있다면 하나도 빼놓지 않고 실천했다. 그러면서 하나하나 검증해 나갔다. 효과가 있는 것은 루틴화하고, 나에게 맞지 않는 것은 과감히 버렸다.

나만의 철학이란 결국 내 생각에 옷을 입히는 것과 같다. 부자가 된 사람이 방법론을 권한다 해도, 대한민국 4,500만 명이 모두 그 사람처럼 될 수는 없다. 생각, 활용할 수 있는 시간, 실행력, 철학, 살아온 환경 모두 다르기 때문이다. 아무리 훌륭한 방법이라도 내 삶에 딱 맞는 옷은 될 수 없다. 결국 내 철학의 기초 위에 다른 이의 철학을 덧입혀야만 나에게 맞는 옷이 된다. 시행착오와 경험을 통해 그것을 재해석하고 쌓아 갈 때 비로소 나만의 성공 방정식이 완성된다.

과거 멘토의 강의를 들으러 갔을 때의 일이다. 당시 나는 책을 집필 중이었고, 사인회에서 "당신 덕분에 책을 쓰게 되었습니다"라고 전했다. 그러나 멘토는 강의와 긴 사인 행렬로 분주해 내 말을 깊이 들을 여유가 없었다. 그 순간, 나는 중요한 깨달음을 얻었다. 멘토들 또한 자신의 삶으로 바쁘다는 것을. 그리고 생각했다. 이제는 멘토의 삶을 좇는 것을 멈추고, 나만의 철학을 세워 언젠가는 그 위치까지 성장하는 것이 답이라는 걸.

그 뒤로는 나만의 철학과 방법을 정립하는 데 더 집중했다. 책을 출간한 뒤에는 더 이상 타인의 철학을 맹목적으로 따라 하지 않았다. 나만의 색깔이 있다는 것을 알게 되었기 때문이다. 어느 날 서점에 들렀을 때, 멘토의 책 옆에 내 책이 나란히 놓여 있는 것을 보고, 비로소 내가 그와 어깨를 나란히 할 만큼 성장했음을 실감했다.

나만의 철학은 최고의 무기다. 배우고 습득하되 반드시 나만의 색깔로 변주해야 한다. 그렇게 세상에 단 하나뿐인 존재, '온리 원(Only One)'으로 성장할 때 비로소 자신만의 부의 방법론이 탄생한다.

맹목적으로 따라 하지 마라

타인의 좋은 철학을 내 것으로 만들기 위해 가장 효과적인 방법은 '인풋을 아웃풋으로 전환하는 것'이다. 예를 들어 책에서 훌륭한 방법을 발견했다면, 단순히 읽고 끝내지 말고 직접 실천해 본 뒤 그 경험을 내 생각으로 재해석해 글로 남겨야 한다.

맹목적으로 따라 하기보다는, 내 기준에서 단점이 보이면 그 단점을 기록하고, 나와 맞지 않았던 이유를 찾아내야 한다. 또한 실천하는 과정에서 보완할 점이 있다면 내 방식과 철학으로 수정·보완하며 과정을 정리해야 한다. 그렇게 해야만 단순한 모방이 아니라 나만의 고유한 철학과 방법론이 태어난다.

생각만 머릿속에 머물러 있다면 그저 흘러 다니는 공상일 뿐이다. 하지만 타인의 철학과 방법론을 내 색깔로 변주해 글과 기록으로 체계화하면 나만의 철학 한 조각이 생겨난다. 그리고 이런 철학이 하나둘 쌓일수록 최종적으로 내 삶의 토대가 완성된다.

결국 최종 단계는 타인을 무조건 따라 하는 수준을 넘어서는 것이다. 좋은 방법들을 흡수해 나만의 방법론과 철학으로 빚어 낼 때, 세상에 단 하나뿐인 존재, '온리 원'의 삶을 살 수 있다.

끝내며 •

누구나 부자가 될 수 있다

　세상을 살다 보면 누구나 크고 작은 풍파와 예기치 못한 위기를 겪게 되고, 그 과정에서 삶에는 작은 생채기부터 깊은 상처까지 새겨진다. 어떤 이는 이를 이겨 내어 단단한 나이테를 만들고, 또 다른 이는 도전을 두려워해 나약한 나이테만을 남기기도 한다. 인생에는 희로애락이 공존한다. 항상 행복하기만 한 것도 아니고, 그렇다고 늘 고통스럽기만 한 것도 아니다. 결국 중요한 것은 내 삶을 어떻게 바라보고 해석하고 인식하느냐다. 같은 고통도 그 해석에 따라 행복으로 바뀔 수 있다.

　과거 나는 실패를 지나치게 두려워했다. 실패하면 내 삶이 송두리째 무너질 것만 같았다. 그래서 생각만 하다 공상으로 끝나 버린 시간이 수없이 많았다. 사실 행동을 가로막는 건 막연한 두려움이다. 하지만 막상 시도해 보면 큰일은 거의 일어나지 않는다. 그럼에도 우리는 처음부터 완벽한 성공을 꿈꾸다 금세 지쳐 포기해 버린다.

나만의 부의 그릇을 찾는 과정은 결코 순탄하지 않다. 부자가 되는 길이 쉽다면 이미 대부분이 그 자리에 올랐을 것이다. 그러나 현실은 다르다. 결국 나를 앞으로 이끄는 힘은 남들이 시도조차 하지 않는 일을 끝까지 헤쳐 나가는 끈기이며, 그제야 비로소 부자가 될 가능성이 높아진다.

이 책을 통해 마인드를 바꾸고, 구체적인 계획을 세우고, 즉시 행동으로 옮겨 실행력을 높인다 하더라도 나만의 부의 그릇을 찾을 수 있다는 보장은 없다. 그러나 나는 이렇게 믿는다. 돈이 들지 않는 일이라면 망설임 없이 시작한다. 아무것도 하지 않으면 아무 일도 일어나지 않기 때문이다. 삶은 결국 확률을 높이는 싸움이다. 100퍼센트는 없지만, 행동 하나라도 남들보다 더 해낸다면 조금 더 앞서 나아갈 수 있다. 그렇게 할 때 비로소 성공 확률이 점점 높아진다. 실패할 수도 있다. 그러나 아직 오지도 않은 실패를 머릿속에 그려 두고 주저앉는다면 한 발짝도 앞으로 나아갈 수 없다.

과거 나는 부의 그릇이 넘쳐 결국 산산이 깨져 본 적이 있다. 처절하게 밑바닥까지 떨어져 본 것이다. 하지만 그 실패를 마음속에 계속 담아 두었다면 지금의 나는 존재하지 않았을 것이다. 나는 빨리 망각하고 작은 성취를 발판 삼아 다시 큰 성취를 만들어 갔다. 수많은 실패 끝에 깨달았다. 처음부터 성공하는 사람은 없다. 실패했다면 다시 한 발 내디디고, 작은 성취를 차곡차곡 쌓아 가야 한다. 그 지점부터가 다시 시작이다. 포기하지 않는다면 언제든 기회는 찾아온다.

만약 실패만 거듭한다면, 그 이야기를 책으로 내는 것은 어떨까. 실패의 경험은 결코 헛되지 않다. 아무리 실패해도 반드시 솟아날 구멍은 있다. 내가 나를 바라보는 인식을 바꾸어, 실패를 성공으로 해석한다면 그것은 더 이상 실패가 아니다. 그것은 내 삶의 나이테이자 생채기이며, 남들이 가지지 못한 삶의 멋진 훈장이다. 또한 그 경험은 반드시 다른 이들에게 도움이 될 수 있다.

과거에는 성공한 사람이 멋져 보였다. 지금은 실패를 많이 겪고도 포기하지 않으며 계속 도전하는 사람이 더 존경스럽다. 그런 사람은 도대체 어떤 삶을 살아왔을까 궁금하고, 그 과정을 배우고 싶어진다. 나는 그들에게 "당신의 실패는 실패가 아니라 성공"이라고 말해 주고 싶다.

이 책을 끝까지 읽고 자신만의 부의 그릇을 찾아가길 바란다. 그러면 분명 시간에서 자유를 얻고, 진취적으로 살아갈 수 있는 지점을 발견하게 될 것이다. 위를 보며 비교하지 말자. 비교는 또 다른 비교를 낳는 악마다. 지금의 나를 사랑하고, 그 과정을 사랑해야 한다.

나만의 부의 그릇을 찾았다면 멈출 수 있는 용기도 필요하다. 멈추면 행복이 따라온다. 감사하게도 내 부의 그릇이 넘치도록 채워졌다면, 그것은 내가 잘해서가 아니라 세상이 나를 향해 보낸 감사의 표시다. 그럴 때는 뒤를 돌아보고, 부의 그릇을 다시 단단히 다져 조금씩 넓혀 가야 한다. 부의 그릇을 채운 뒤 그 이상을 담을 수 있다면, 이제는 그 풍요를 나누며 사람들에게 도움을 주는 삶을 살아야 한다.

그렇게 단단하게 성장할 때 비로소 세상에 단 하나뿐인 맞춤형 '탄탄한 나만의 부의 그릇'이 완성된다.

"돈은 일종의 에너지야. 열을 내뿜고 있지.
그런데 사람들마다 적합한 최적의 온도는 달라."

– 이즈미 마사토

부의 그릇

초판 발행　　2025년 11월 20일

지은이　　　제이투
펴낸곳　　　다른상상
등록번호　　제399-2018-000014호
전화　　　　02)3661-5964
팩스　　　　02)6008-5964
전자우편　　darunsangsang@naver.com

ISBN　　　979-11-93808-41-2 03190

잘못된 책은 바꿔 드립니다.
책값은 뒤표지에 있습니다.

> 독자 여러분의 책에 관한 아이디어나 원고 투고를 설레는 마음으로 기다리고 있습니다.
> 이메일로 간단한 개요와 취지, 연락처를 보내주세요. 독자님과 함께하겠습니다.